JN220789

定番ソーイング

これならできる!
きほんの子ども服
パンツとワンピース

定 番 の 5 パ タ ー ン で 作 れ る 100 ～ 160㎝ サ イ ズ

坂内鏡子

高橋書店

contents

ONE PIECE

index

この本について

サイズは7種類

子どもの成長は早いもの。時間ができたら作ろうと思って本を買ったけれど、
結局ひとつも作らないままサイズがなくなっちゃったということも、よくある話ですよね。
この本は100㎝から160㎝まで、7種類のサイズ展開で
たっぷり10年間役立てることができます。
飽きのこないスタンダードなデザインなので、布を替えていくつも作ってみてください。

トドラー

ジュニア

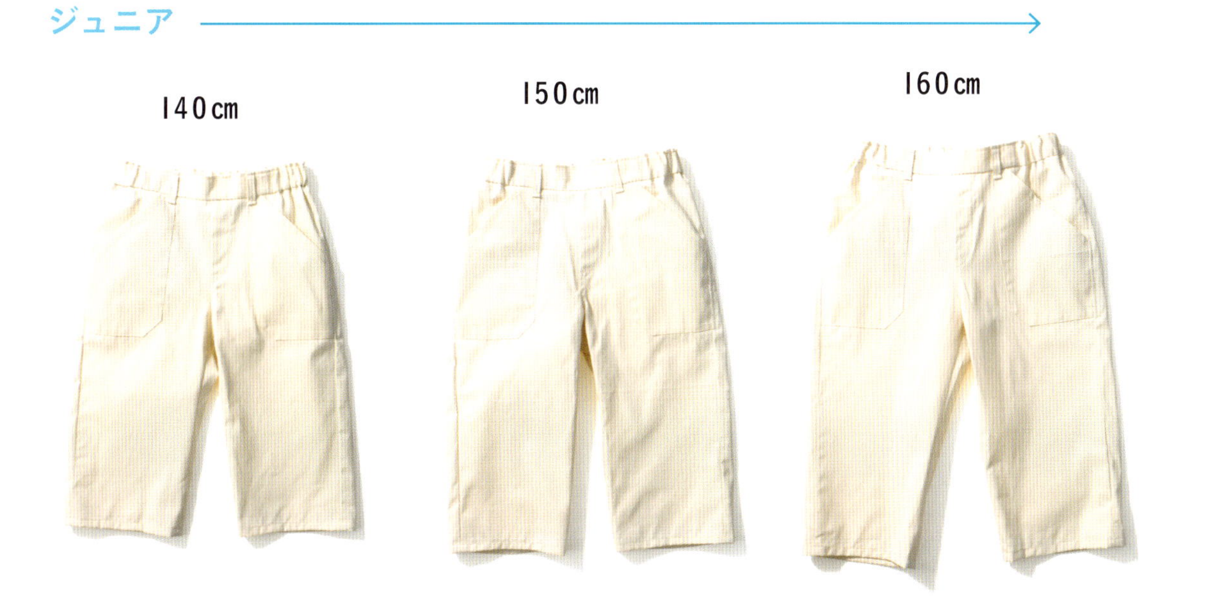

パーツを入れ替えることもできます

例えばシャツワンピースの袖は3種類から選べます。
袖ぐりの形を同じにしてあるので、そのまま入れ替えるだけ。
型紙を切り開いたり、つないだりといった面倒な作業も不要です。
また、ベーシックなパンツは、パッチポケットとサイドポケットを入れ替えたりして、
好きな丈と組み合わせて作ることができます。
アレンジする楽しみも、手作りの醍醐(だいご)味のひとつですね。

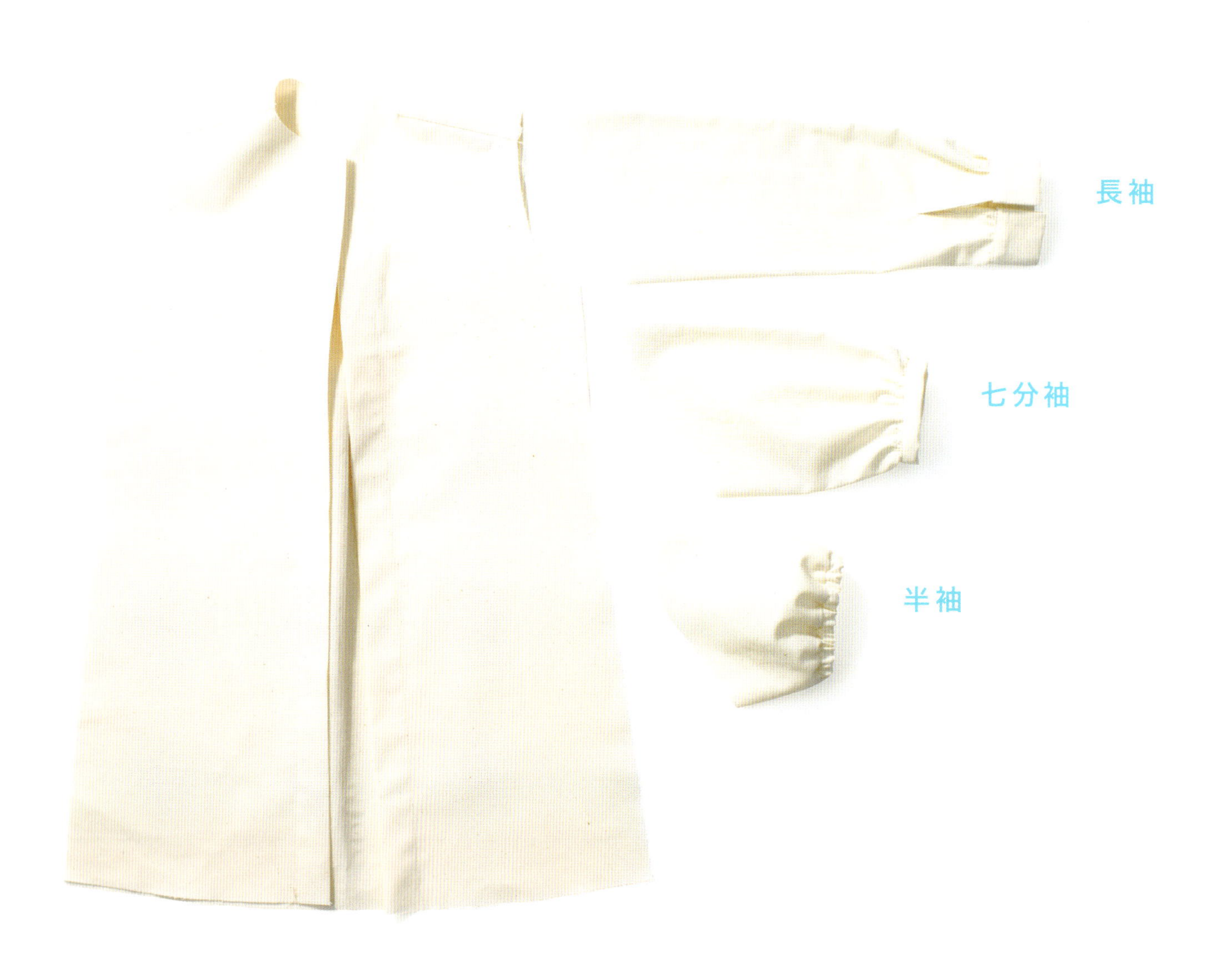

手 作 り の 服 に は、よ さ が い っ ぱ い

リネンやリバティプリントの服は、高価で子どもには贅沢(ぜいたく)なもの。
でも手作りすればずっと安く、いい素材を着せてあげられます。
子どもと一緒に布を選ぶのもいいですね。
この本の作品はすべて、自分の子育ての経験から、着心地のよさと動きやすさにこだわって作りあげた、
とっておきのパターンです。
ソーイングに不慣れなお母さんにも縫いやすいように、なるべく工程を減らし、
7サイズとも作り方を同じにしてあります。
愛情たっぷりの手作り服、楽しんで作ってください。

坂内鏡子

丸襟

角襟

A ベーシックなパンツ

A1 フルレングス

オールシーズン活躍するフルレングス。フラップつきのサイドポケットで、カジュアル感のあるカーゴパンツになります。

A2 ハーフ

春夏におすすめのハーフパンツ。ポケットは上から縫いつけるパッチポケットです。仕立ては最も簡単なので初心者におすすめ。

A3 ショート

活発な女の子にぴったりのショートパンツ。ポケットはジーンズによく見られる、袋布を中に入れる本格的な仕様です。

活動的な子どもにとって出番が多いのが、ガンガン着て、ガンガン洗えるシンプルなパンツ。適度なゆとりがあるのにすっきり見えるこだわりのシルエットです。ウエストはゴムで脱ぎ着が簡単。でも股上につけたあきみせ布や、ベルトループでイージーすぎず、本格的な仕様です。丈は3パターン用意しましたが、土台となる型紙は共通なので、一枚型紙を作れば折りたたんで好みの丈にアレンジでき、さらにポケットを入れ替えることができます。

◎フルレングス
✚作り方：48page

着用サイズ：140 モデル身長：145㎝

脚長効果のあるサイドポケット。好みで省略することもできます。

ナチュラルなグレーのリネン帆布。自然なシワ感が大人っぽく見えて、おしゃれな女の子にぴったりです。

着用サイズ：110 モデル身長：110㎝

後ろだけにゴムを通して縫いとめます。ウエストがすっきり見え、きちんとした印象に。

縫いやすい厚みのコットンツイル。大きなチェックは柄合わせが必要なので、初心者は最初は無地がおすすめ。

A ベーシックなパンツ

ヒップポケットをつけると子どもにも前後がすぐわかります。ひとつだけにしてもOK。ステッチを3本入れてアクセントに。

◎フルレングス
✚作り方：48page

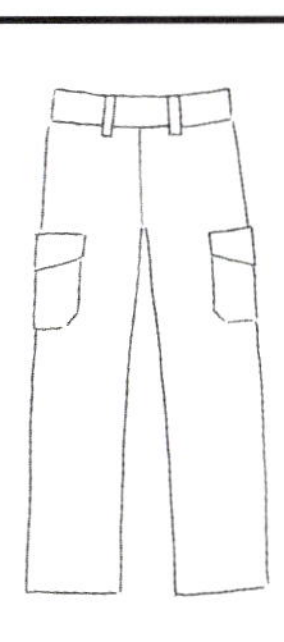

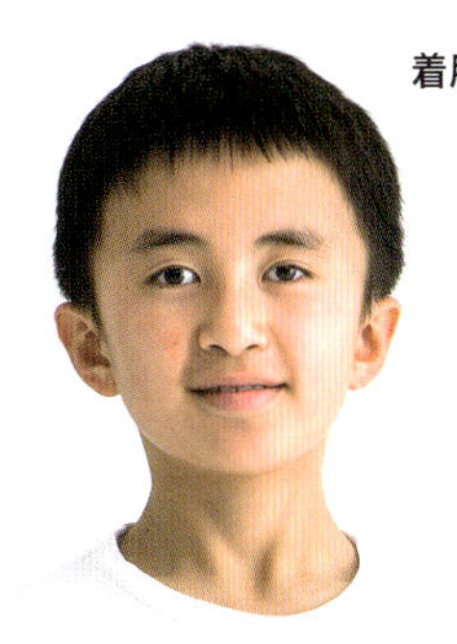

着用サイズ：150　モデル身長：156cm

着用サイズ：110　モデル身長：115cm

ジュニア
A1
フルレングス

トドラー
A1
フルレングス

厚みのある平織りのコットン。ステッチに少し目立つ色の糸を使うと、ポケットなどのデザインが際立ちます。

グリーンは意外にどんな色とも合わせやすく、元気な男の子にも、おしゃれな女の子にもしっくりきます。

ベーシックなパンツ

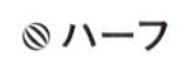

◎ハーフ
✚作り方：52page

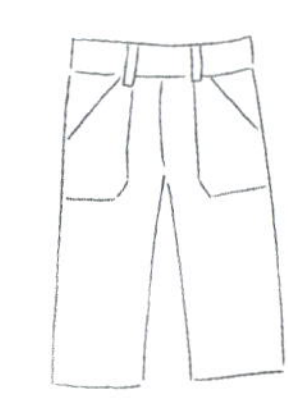

着用サイズ：110　モデル身長：115㎝

上から縫いつけるパッチポケットは、ここだけ違う布にしたり、糸の色を替えたりなどのアレンジもできます。

ベーシックなコットンツイルで着まわしのきく便利な1枚に。カジュアルにもきれいめにも着こなせます。

着用サイズ：110　モデル身長：109㎝

コットンプリントなどの薄手の素材なら、ウエストにぐるりとゴムを通してもOK。縫いとめるより簡単で、サイズ調節やゴムの交換もすぐにできます。ベルトループも省略してカジュアルに。

さらりと気持ちいいコットンプリントで、流行(はや)りのステテコ風に。子どもの好きな色や柄で作ってあげましょう。

◎ショート
✚作り方：54page

作り方：54page

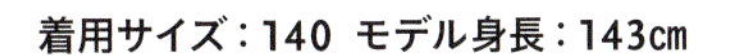

着用サイズ：140　モデル身長：143cm

袋布を作るタイプのポケットは、表からは入れ口だけ見えてすっきり。仕立てはちょっと複雑ですが、作りがいがあります。

ジュニア
A3
ショート

清潔感のある白いコットンでさわやかな印象。股下は短すぎると品がなくなるので、少し長めにしました。

B ストレッチパンツ

B1 フルレングス

出番が多いフルレングスは、布を替えていくつも作っておくと便利です。ストレッチとはいえ、ぴったりすぎないので脱ぎ着しやすい。

B2 七分丈

足首をすっきり出して軽快な七分丈。女の子をおしゃれに見せるクロップドパンツです。活動的なので通園・通学着におすすめ。

B3 ハーフ

男の子も女の子も使える便利なハーフ丈。ベーシックなパンツより短めのひざが出るくらいのほうがストレッチパンツは動きやすくなります。

伸縮性のある素材を使ったスキニーなシルエットのパンツ。女の子ならワンピースやチュニックと合わせて、レギンス代わりのコーディネートもできる便利なアイテムです。丈は3種類。フルレングス丈で型紙を作っておけば、裾を折って型紙を写すだけでアレンジ丈が作れます。ウエストベルトはリブニットを使用しているので、肌へのあたりが優しく子どもにはうれしい仕様。仕立ては難しくないので、リブニットを使ったことがない人もぜひ挑戦してみてください。

◎フルレングス
✚作り方：56page

着用サイズ：140　モデル身長：145cm

ウエストはリブニットにゴムを通します。ジュニアサイズは前中心が少し下がるようにパターンを工夫して、スタイルよく見せます。

秋冬にぴったりのストレッチコーデュロイ。ブルーはジーンズ感覚でコーディネートできるので1本あると便利。

B ストレッチパンツ

着用サイズ：110　モデル身長：115cm

着用サイズ：110　モデル身長：110cm

◎七分丈◎ハーフ
✚作り方：57page

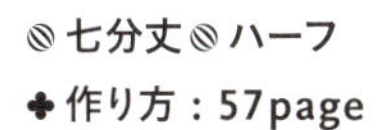

前後がわかりにくい手作りパンツは、お尻にポケットがあると便利。ポケットの型紙はAのベーシックなパンツと共通です。

合わせやすいカーキのストレッチピケ。ピケは表面にうねがあるハリのある素材で、パジャマっぽくなりません。

赤いストレッチシャンブレーとピンクのリブニットで女の子らしく。トップスは出してもインにしてもかわいい。

C キュロットパンツ

C1 フリルなし

裾の広がりを控えめにしたシンプルなデザイン。ヒップにゆとりがあるのでレギンスやタイツに重ねられます。

C2 フリルつき

C1の型紙を途中で切替えてフリルをはさみ、裾にももう一段フリルをつけました。ぐっと華やかです。

スカートのキュートさと、パンツの動きやすさ。両方のいいとこ取りをしたキュロットパンツは女の子らしいアイテムが好きな子におすすめです。作り方は本当に簡単。ウエストは本体を折り返して縫い、ゴムをぐるっと入れるので、別布を縫い合わせるより手間がかかりません。**C2**は、**C1**をベースにフリルを2段つけたもの。ギャザーが多いので少し大変ですが、とてもかわいく仕上がります。**C1**には好みでポケットをつけることができます。

フリルなし
✚作り方：60page

着用サイズ：110　モデル身長：112cm

ウエストは着るのも仕立てるのもラクちんな総ゴム。

トドラー
C1
フリルなし

合わせやすいデニムを使用。薄手の生地を選ぶと縫いやすく、ゴムを入れたときにギャザーがきれいに出ます。

C キュロットパンツ

脇の縫い目を利用したポケット。不要なら印を無視して脇を縫い合わせればOK。Dのワンピースの脇にもつけることができます。

◎フリルつき
✚作り方：62page

少女らしい細かい水玉模様のコーデュロイ。ギャザーを寄せやすい薄手のシャツコールをチョイスして。

カラーリネンは縫いやすく雰囲気もいい万能素材です。シックなパープルは意外に子どもらしさを引き立てます。

D シンプルなワンピース

D1 ノースリーブ

スカートのタックはギャザーにも変えられます。ジュニアは身頃にダーツを入れてほっそりと。

D2 キャップスリーブ

D1にギャザーを入れた小さなキャップスリーブをつけてかわいらしく。袖以外の作り方はD1と同じです。

素材の違いでカジュアルにもなれば、ちょっとしたお呼ばれや発表会にも着られる服にもなる便利なワンピース。身頃とスカートの切替位置は、トドラーサイズは胸の下でかわいらしく、ジュニアサイズはウエスト位置で大人っぽくしました。背中のコンシールファスナーや、袖ぐりのバイアステープ始末など、この1着でワンピースの基本的なテクニックをマスターできます。また、好みでポケット(P64参照)をつけることもできます。

◎ノースリーブ
✚作り方：66page

着用サイズ：140　モデル身長：145㎝

ジュニア
D1
ノースリーブ

バストサイズに変化のある年頃ですが、ウエストにダーツを入れることで胸元を自然にゆったり包み込みます。

着用サイズ：110　モデル身長：110㎝

トドラー
D1
ノースリーブ

ハリのある素材を使用する場合や、シルエットをすっきりさせたい場合はギャザーよりタックがおすすめ。

適度なハリがある平織りのコットン。上品な光沢があるので、あらたまった場所でも着られる1着になります。

深みのあるワインレッドのリネン。アイロンをかけたらきちんとした印象に、洗いざらせばカジュアルにも。

D シンプルなワンピース

背中にコンシールファスナーをつけることで、身頃のシルエットをスリムにすることができます。

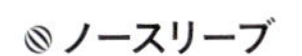

◎ノースリーブ
✚作り方：66page

着用サイズ：110　モデル身長：109cm

実物大型紙にはタックとギャザーの2種類の印があるので、ギャザーをチョイス。

トドラー
D1
ノースリーブ

やわらかい肌触りのコットンプリントは、ギャザーがきれいに出ます。海やプールで活躍しそうな1枚。

D シンプルなワンピース

コットンは吸湿性がよく、夏のワンピースには最適な素材。日差しに映える明るい色を選んで。

小さい子の服は面積が小さいので、大人には難しそうなビビッドな色や柄も、違和感なくまとまります。

◎キャップスリーブ
✚作り方：70page

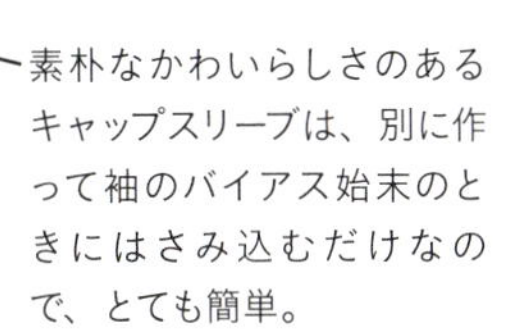

素朴なかわいらしさのあるキャップスリーブは、別に作って袖のバイアス始末のときにはさみ込むだけなので、とても簡単。

E シャツワンピース

E1 パフスリーブ

女の子らしい丸襟にパフスリーブを合わせてとてもキュート。ウエストのリボンはお好みでつけてください。

E2 七分袖

角襟に替えたらシャープな印象に。七分袖は袖口が汚れにくく手洗いもラクなので、小さな子にもおすすめ。

E3 長袖シャツ

着まわしのきくシンプルなシャツに。長袖にカフスをつけて、あきはちょっと難しいですが、ぜひ挑戦してみて。

襟つきの服は品があり、子どものかわいらしさを引き立ててくれるアイテムです。身頃は共通で、袖と襟を入れ替えるだけでこんなにバリエーションができました。さらに丈を短くすれば普通のシャツなので、男女兼用もOK。その場合、前立ての合わせは左を上にします。比較的パーツが多く、手間はかかりますが、ひとつ作れば襟つけ、前立て、肩ヨーク、カフスなど、シャツの基本的なディテールをマスターできます。

◎パフスリーブ
✚作り方：72page

着用サイズ：110　モデル身長：110㎝

キュートな丸襟は、女の子だけの特権。台襟と襟がつながったパターンなので、仕立てのプロセスが少ないのもうれしいところ。

共布で作ったウエストのリボン。脇に糸で編んだループをとめています。省略してもOK。

トドラー
E1
パフスリーブ

女の子なら誰にでも似合うギンガムチェック。繊細なコットンローンはギャザーやパフスリーブがきれいにできます。

E シャツワンピース

背中はギャザーかタックかを選べます。ここではかわいらしいギャザーをチョイス。

◎パフスリーブ
✚作り方：72page

着用サイズ：150 モデル身長：145㎝

ジュニア
E1
パフスリーブ

さらりと軽いコットンは、着ていてとても気持ちがいい。清潔感のある色のプリントはジーンズなどに合わせても。

E シャツワンピース

着用サイズ：150　モデル身長：143㎝

丸襟と比べてすっきりシャープなイメージの角襟に。

ジュニア
E2
七分袖

ギャザーを寄せてカフスをつけた短めの七分袖。あきはないので、仕立ては簡単です。

白地にピンクとブルー。女の子の好きな配色のリバティプリント。繊細なコットンローンで軽やかな印象です。

着用サイズ：110　モデル身長：112㎝

トドラー
E2
七分袖

薄手のコットンの全面にドットの刺しゅうが入った布は、無地でも雰囲気のある作品に仕上がります。

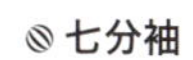
七分袖
✚作り方：76page

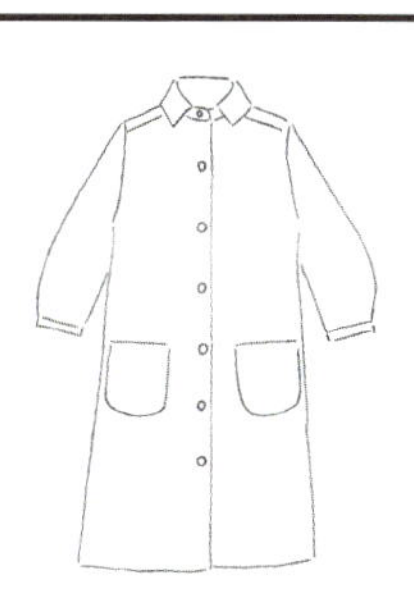

角襟のシャープな印象に合わせて、背中はタックにしました。

E シャツワンピース

着用サイズ：110 モデル身長：115cm

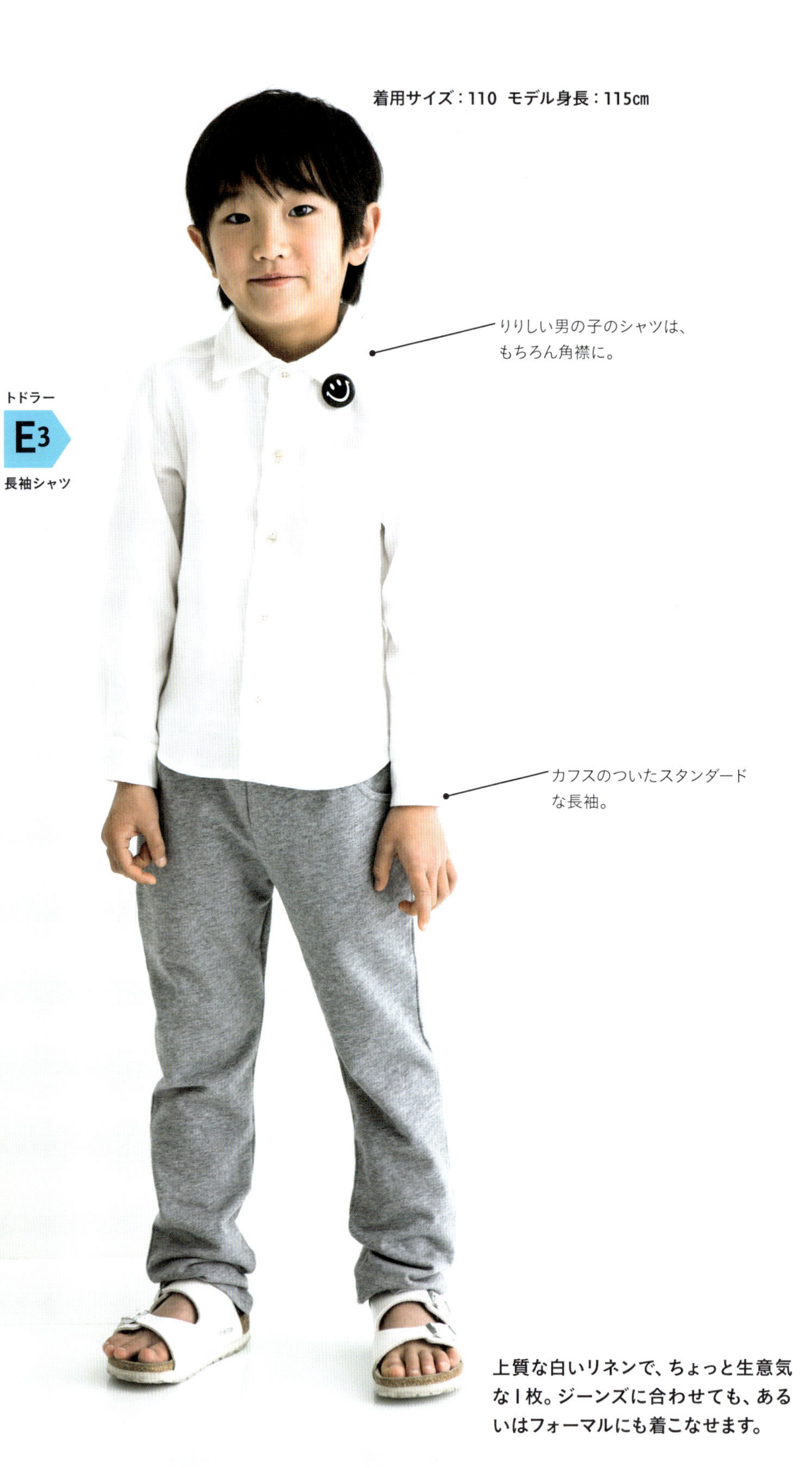

上質な白いリネンで、ちょっと生意気な1枚。ジーンズに合わせても、あるいはフォーマルにも着こなせます。

◎長袖シャツ
✚作り方：77page

着用サイズ：110　モデル身長：109㎝

袖口のあきは、切り込みを入れてパイピングをする通称「行ってこい始末」。定番の剣ボロあきより簡単です。

きれいに縫うための基礎レッスン

ウエア作りで大切なのは、とにかく楽しく作ること。
出来上がりがきれいなら、その楽しさもぐんと大きくなるはずです。ここではそのためのちょっとした知識やコツを紹介します。
縫う前に、ぜひ読んでください。

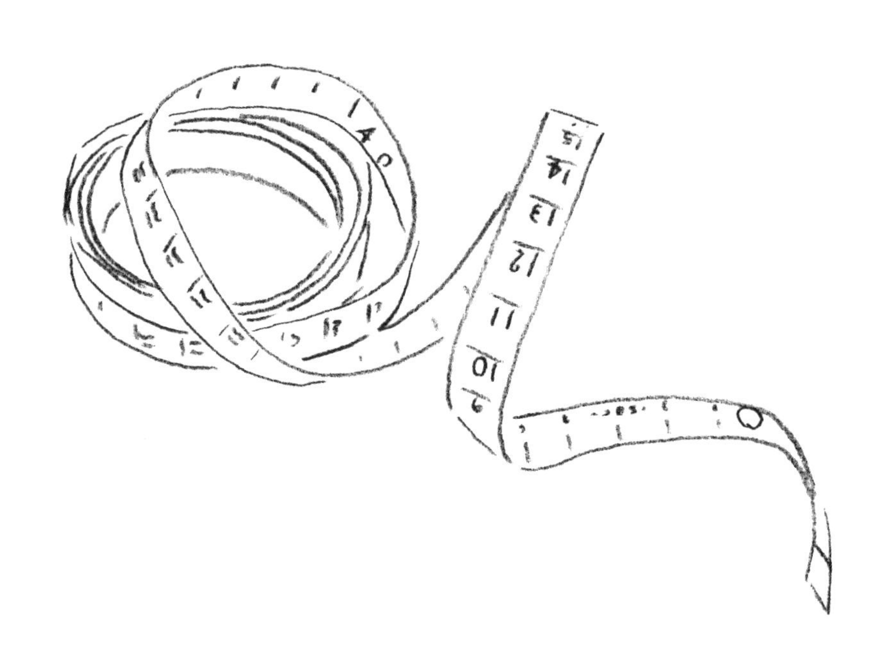

揃えておきたい道具

あれもこれも買い揃える必要はありません。基本的には家にある道具で十分。
持っていると便利なものはいろいろと市販されていますが、
ここでは最小限のものをご紹介しています。参考にしてみてください。

ハトロン紙
製図用紙ともいいますが、実物大型紙を透かして写しとるための、薄くて丈夫な紙。ザラザラした面を表にして使います。

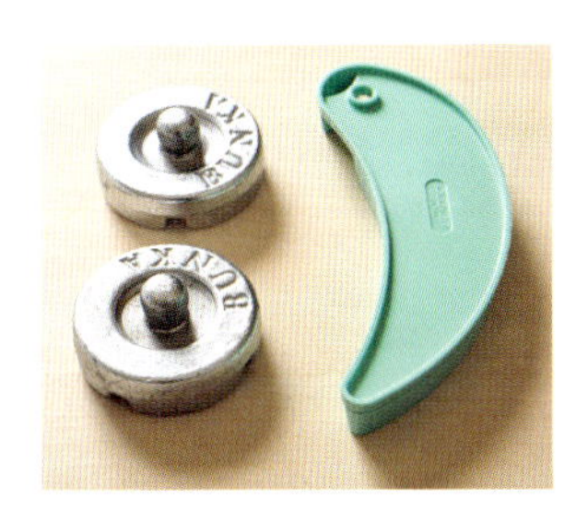

ウエイト
型紙を写すときにずれないように置く文鎮のこと。ソーイング用のものがありますが、重い灰皿やマグカップなどでも代用可能です。

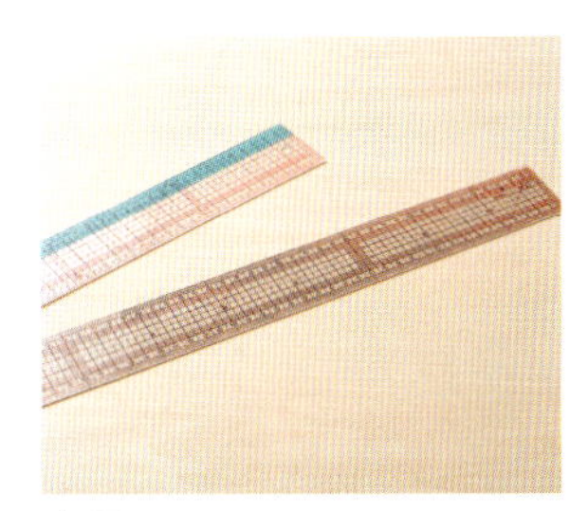

定規
型紙を写すときなどに使います。おすすめは長さが50cmで方眼が入っているもの。縫い代をつけるときに便利です。

裁ちばさみ
布専用のはさみ。紙を切ると切れ味が悪くなるので厳禁です。素材は鋼（はがね）のものが研ぎながら長く使えるのでおすすめです。

糸切りばさみ
はさみ型やにぎり型など好みで選んでください。糸を切ったり、縫い終わりの糸を処理したりと出番が多いので切れ味のよいものを。

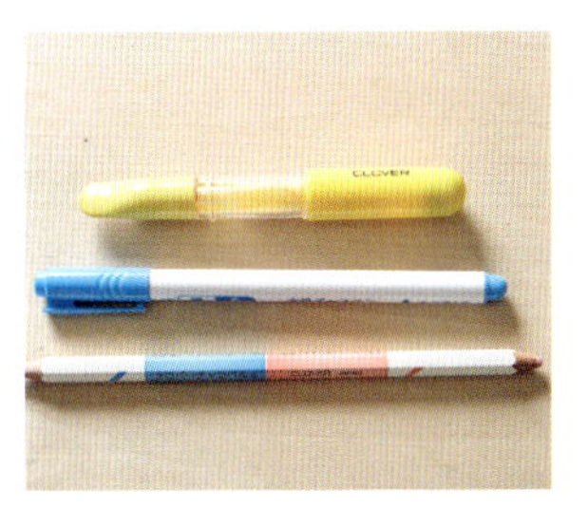

チャコペン
布に線をひいたり、印をつけるのに使います。鉛筆型や粉が出てくるタイプ、水で消えるマーカーなど、いろいろな種類があります。

まち針と手縫い針
布を固定するためのまち針と、ボタンつけなどに使う手縫い針。なくさないように必ずピンクッションに刺して管理しましょう。

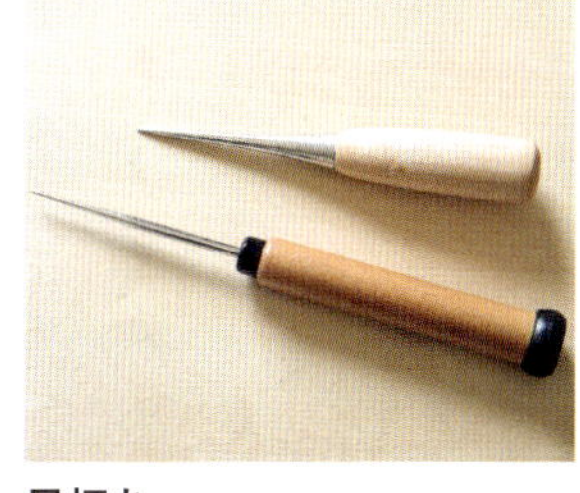

目打ち
縫い目をほどく、角を出す、ミシン縫いのときに布を送る、印をつけるなど、あらゆる場面に活躍する手芸の必需品です。

アイロン
こまめにアイロンをかけながら縫うのが何よりきれいに作るコツ。縫い代を割ったり、接着芯を貼ったり、必需品のひとつです。

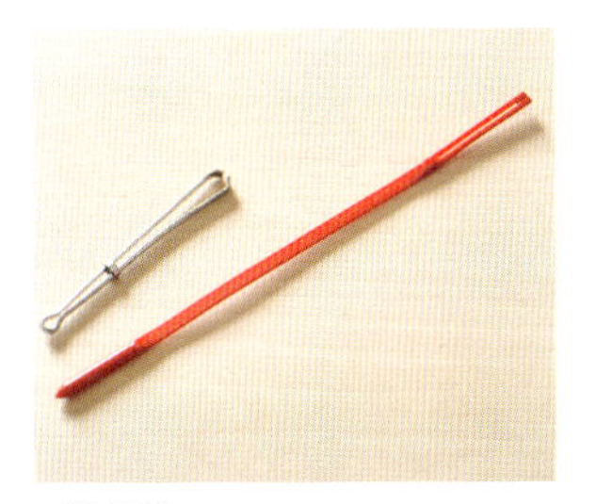

ゴム通し
安全ピンなどでも代用できますが、専用のものがやはり便利。はさみ式（上）のものは、平ゴムを簡単に通すことができます。

サイズについて

成長期の子どもたちは、親がイメージするより早く大きくなっていることがあるので、服を作るときは、毎回採寸することをおすすめします。
寸法にはヌード寸法と出来上がりサイズの2種類があります。

★参考ヌード寸法

衣類を着用していない実際の体の寸法のこと。裸または下着着用で子どもの寸法を測り、それに近いサイズのものを選んでください。

トドラーサイズ

サイズ	100	110	120	130
身長	95〜105	105〜115	115〜125	125〜135
バスト	49〜55	53〜59	57〜63	61〜67
ヒップ	55〜61	58〜66	62〜70	66〜74
年齢	3〜4歳	5〜6歳	7〜8歳	9〜10歳

ジュニアサイズ

サイズ	140	150	160
身長	135〜145	145〜155	155〜165
バスト	65〜72	70〜78	76〜84
ヒップ	70〜78	76〜84	82〜90
年齢	10〜11歳	12〜13歳	13歳〜

★出来上がりサイズ

実際に作品を測った寸法のこと。着用時のゆとり分を加えてあるので、ヌード寸法より大きくなっています。この本は各作品に出来上がりサイズが書かれています。手持ちのちょうどいいサイズの服を測って比較することもできます。

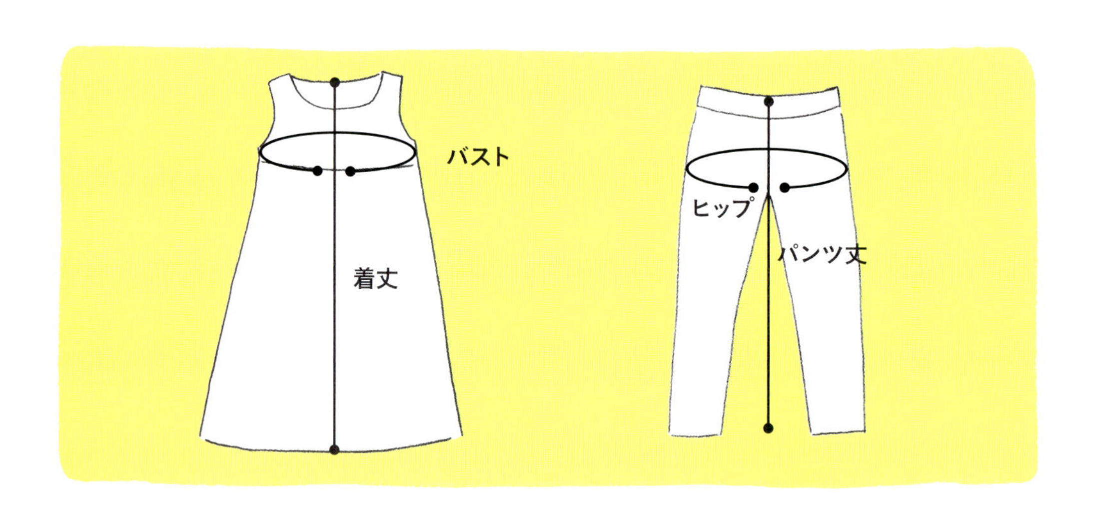

実物大型紙の使い方

この本にはすべての作品の実物大型紙がついています。型紙には決まったルールや使い方があるので、基本をひととおり理解しておきましょう。そうすれば間違えにくく、作業もスムーズに進められます。

★基本の手順

作りたい作品、サイズの型紙をハトロン紙に写しとります。型紙の線は出来上がり線なので、縫い代をつけるスペースを残しておくこと。布目線や印もすべて写します。

各作品の裁ち合わせ図にあるとおりに縫い代をつけます。方眼定規をあてながらひくとスムーズです。

紙用ばさみを使って、縫い代の線で切りとります。カッターとカッターマットを使用してもよいでしょう。

★シャツの前立てなどは

型紙の縫い代を出来上がりと同じように折りたたんでから襟ぐりをカットします。そうすると右のような形になり、折ったときに縫い代が足りなくなることがありません。パンツの裾なども同様にします。

★角の部分は

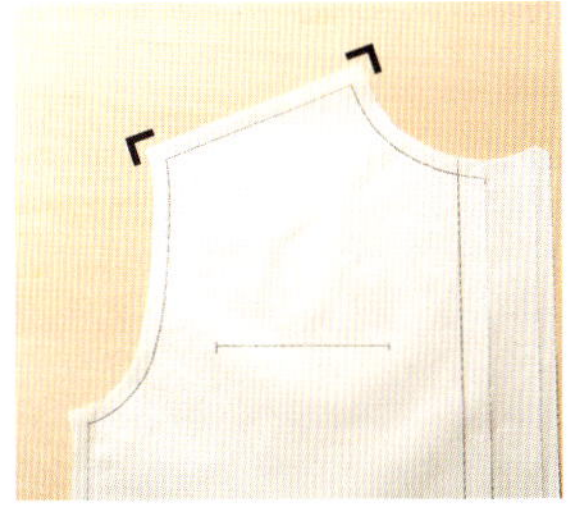

縫い合わせるときに揃えやすくするため、先に縫う方の辺の角を直角にします。

★折って使えます

いろいろな丈のパンツを作りたい場合、フルレングスで型紙を作っておき、好きな丈に折って使うことができます。

★型紙の記号

型紙の記号には決まりがあります。よく出てくるものだけでも覚えておくと、あとあとにも役に立ちます。

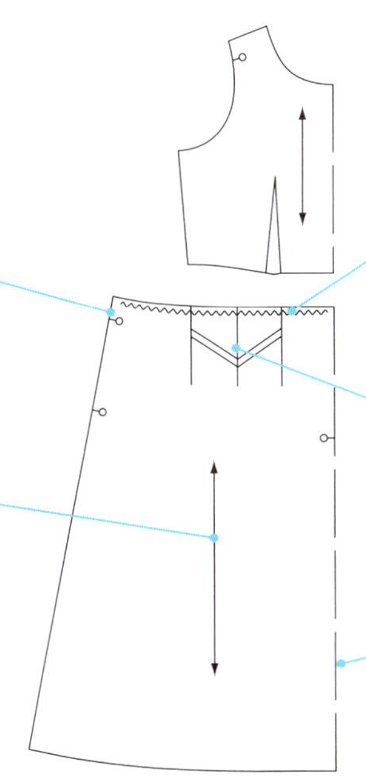

合印／あきどまり／縫いどまり
パーツどうしを合わせる印、またファスナーつけどまりやポケット口の位置などを表します。

布目線
ゆがまないように、この線を布の耳に平行になるように置きます。

ギャザー
〰で表されます。ギャザーミシンをかけ、糸をひいて細かいひだを作ります。

タック
布をたたんでひだを作ること。斜線の高い方から低い方へ重ねるという決まりがあります。

わ
布の折り目をここに合わせて、左右対称になるように布を裁ちます。

布を裁断する

いよいよ裁断です。これがきれいにできれば出来上がりは保証されたようなもの。それくらい重要な工程です。きれいに掃除した床やダイニングテーブルなど広い場所を確保して、ゆったりした気分で行いましょう。

基本の置き方
柄に上下があるものや、コーデュロイなど毛並みに方向のあるものは特に気をつけて。パーツの方向が一定になるように配置します。

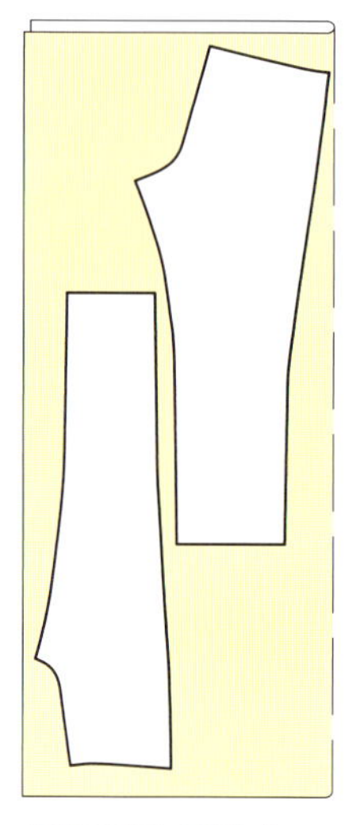

上下のない布なら
パーツをひっくり返し、差し込むように置いてもOK。布の無駄がなく経済的です。

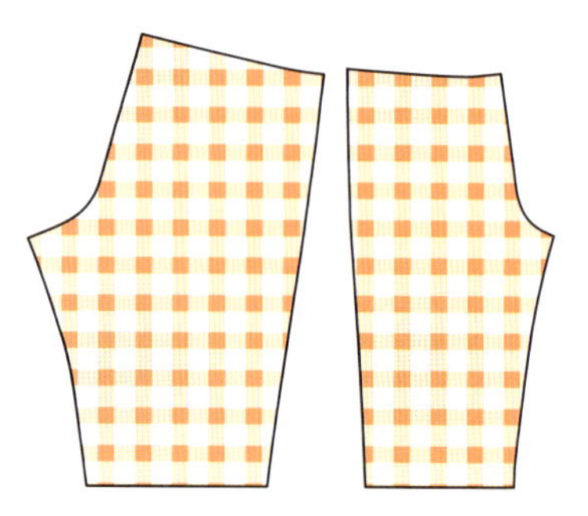

チェックなど
チェックやボーダー、大きめの柄などは、左右、前後で柄を揃える「柄合わせ」が必要に。横の柄を合わせて裁ちます。2枚重ねるとずれやすいので、一枚ずつ柄を見ながら型紙を置きます。

地直しについて
布は製造の工程や店頭に置かれた状態によってゆがんでいることがよくあります。また、洗濯後の縮みを防ぐためにも地直しが必要。ひと晩水につけたあと脱水し、布目を整えて竿(さお)にかけ、陰干しにします。生乾き程度に乾いたらアイロンで、たて糸とよこ糸が直角に交差するように布目をきれいに整えます。

★裁断の手順

布の耳と布目線が平行になるように型紙を置き、ウエイトで固定します。

＞

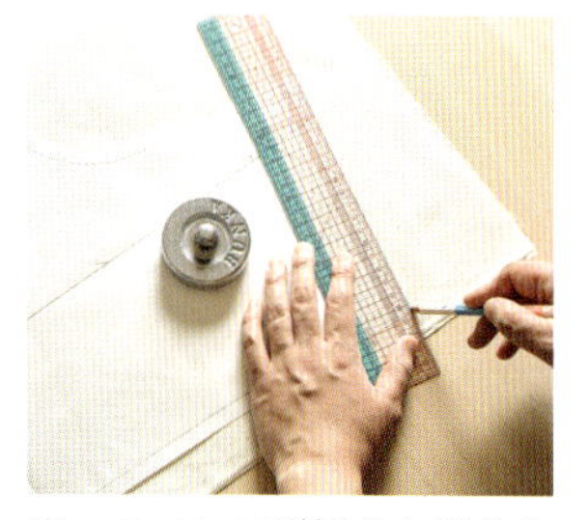

チャコペンで型紙をなぞります。直線部分は定規を使ってきれいにひきます。合印や縫いどまり、ギャザーどまりなど印もすべて写しとります。

＞

型紙をはずして裁ちばさみで裁断します。ずれないようにはさみをテーブルと垂直に保ち、常に体の正面で切るのがコツ。向きを変えるときは、布を動かさずに、自分が動くこと。

★印をつける(目打ち)

布端にないポケットつけ位置などは、ポイントに目打ちを刺し、穴を開けて目印にします。

＞

型紙をめくってチャコペンやマーカーなど消えにくいもので印をつけ直します。穴は時間がたつとふさがります。

★印をつける(ノッチ)

合印や出来上がり線、中心線などには、はさみの先で0.2〜0.3cmの切り込みを入れるノッチを入れておくと便利です。時間がたっても消えることがなく、上からジグザグやロックミシンをかけてもわかります。

芯を貼る

接着芯は仕上がりを大きく左右する名脇役です。
上手に使いこなすことができれば、ワンランクアップした作品作りが
楽しめます。まずは種類と目的を正しく理解することから始めましょう。

★接着芯の種類

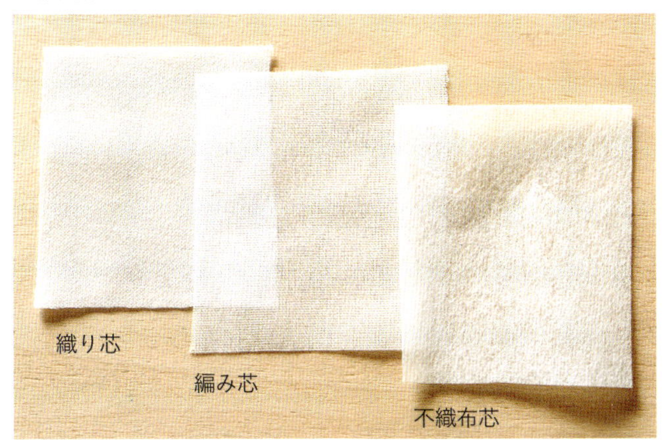

左から、織り芯、編み芯（トリコット芯）、不織布芯。織り芯と不織布芯は硬さが出てしっかりと仕上がるので小物やウエストベルトなどに。編み芯は伸縮性があり、やわらかい布の風合いを損なわずに伸び止めの役目をはたします。ブラウスの襟や前立てなどに。

★接着芯の役目

1) 仕立てやすくなる
伸び止めになり、布がゆがみにくくハリが出るので
格段に扱いやすくなります。

2) 出来上がりのイメージに近づける
襟やカフスに貼ることで輪郭がはっきりした
メリハリのある作品になります。

3) 形崩れをふせぐ
洗濯を重ねても形崩れしにくく、
着用後もスタイルをキープしてくれます。

★貼り方

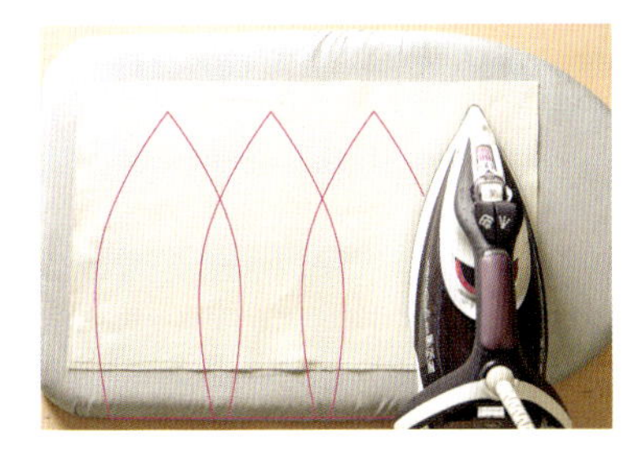

布の裏面に、接着芯のざらざらしている糊がついている面を下にして重ねます。不織布芯は布目に関係なく置けますが、織り芯や編み芯は布目を揃えます。アイロンを滑らさずに10秒程度押さえるように移動させながらかけます。隙間があかないように注意。きれいに貼れたら型紙を置いて裁断します。前立てだけなど部分的に貼る場合は接着芯を裁断してから貼ります。

★伸び止めテープ

ファスナーつけ位置の縫い代、襟ぐりや肩などの伸び止めに使います。仕上がりの長さにカットして少しずつ押さえながら接着します。出来上がり線に0.2〜0.3㎝かかるようにします。

★縫う前に…

接着芯を貼り、裁断が終わったらすべてのパーツを出来上がり線で折ってアイロンをかけておきます。印が鮮明なうちに折っておくとミスが少なく、また裾や袖口などは脇を縫って輪になってからだと折りづらいので、平面のうちに折っておくと作業がスムーズです。これで縫製前の「下ごしらえ」の完了です。あとは楽しく縫うだけ。

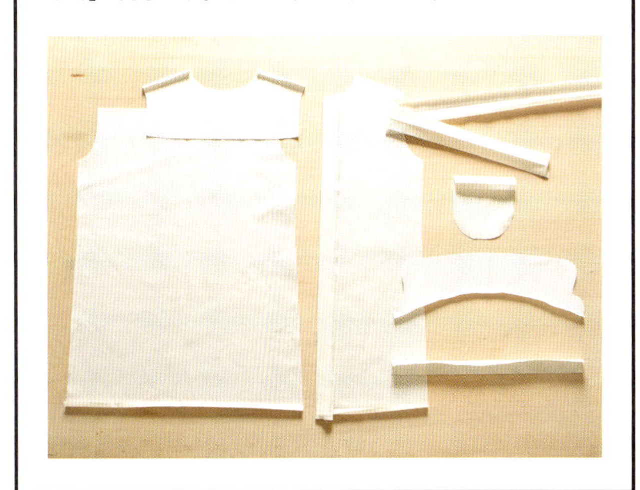

針と糸を選ぶ

厚い布には太い糸、薄い布には細い糸が基本です。
ミシンの目が飛ぶ、針穴が目立つ、布がつれるなど、なんだかきれいに縫えないということがあったら、それは針と糸が布に合っていないのかもしれません。

薄地
リバティプリントなどの繊細なローン、ボイルなどには90番手の糸を。ミシン針は9番を使用。

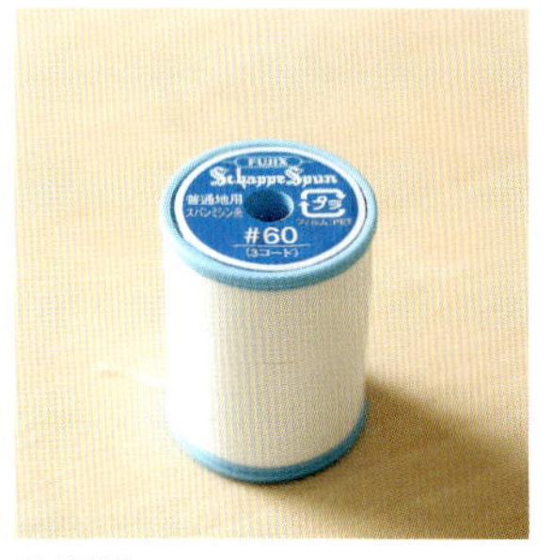

普通地
60番手は最も使用範囲が広い糸。シーチング、ブロード、コーデュロイ、リネンなどの一般服地に。ミシン針は11番を使用。

厚地
デニム、帆布などには30番手を。目立つ色を使えばデザインとしてのステッチにも使えます。ミシン針は14番を使用。

ストレッチ生地
普通の糸だと布の伸縮についていかずに糸が切れることも。ニット用の糸（レジロン）がおすすめ。針は布に合わせた普通の針でOK。

ボタンつけ
ミシン糸を使ってもいいけれど、糸のよりの方向が違うためよじれやすいのが難点。手縫い糸ならよじれにくく、丈夫に仕上がります。

しつけ
仮どめには専用のしつけ糸を。強度が弱いので本縫いはできません。かせになっているものと、糸巻きに巻かれたものがあります。

ミシンで縫う その1

型紙～裁断までの下準備が終わったら、いよいよミシンで縫います。
縫い代の始末やまち針の刺し方など、忘れがちな基本的なことを
まずは覚えましょう。ちょっとしたことが作業をスムーズに楽しくしてくれます。

★まち針の刺し方

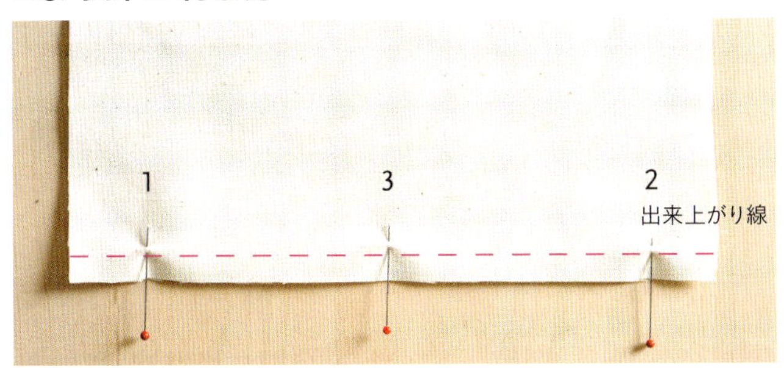

出来上がりの線の上を少しだけすくうように刺します。たくさんすくうと布がずれやすいので注意。刺す順番は、まず両端をとめてから中間をとめます。

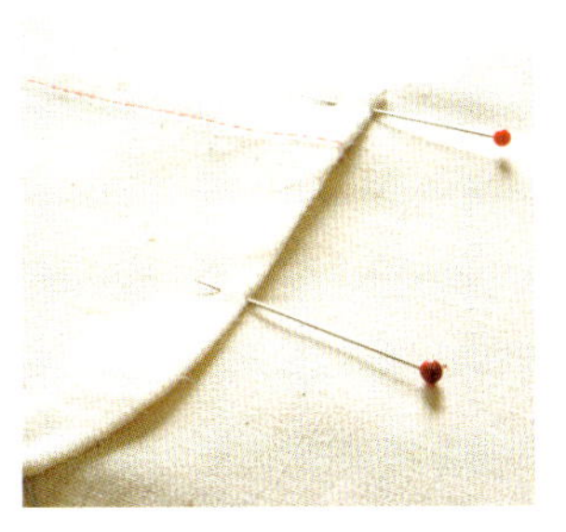

ポケットなどを固定する場合は、「わ」になった部分に針を刺し、少しだけすくい、針を上に出します。こうするとひずみが少なく打てます。

★ミシンで縫う

縫いたい縫い代幅に、ミシンの針板の目盛りを合わせて布をセットします。写真は10㎜のところに合わせた場合。

カーブを縫う場合も、目盛りを常に見ながら。針の真横に目盛りがくるようにします。まち針は針が進む直前に抜くようにします。

★始めと終わりは返し縫い

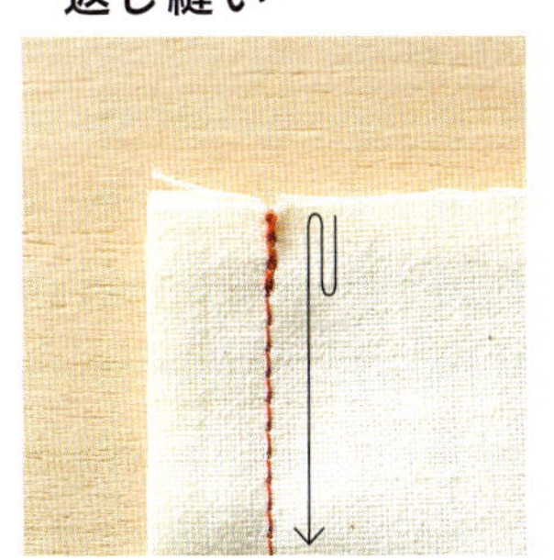

縫い目がほどけないように3～4目の返し縫いをします。ミシンの返し縫い機能を使って、ずれないように気をつけましょう。

★縫い代の始末

ロックミシン
メスがついていて、端をカットしながらかがり縫いをするのできれいに仕上がります。専用のミシンが必要。

ジグザグミシン
家庭用ミシンの機能のひとつ。ロックミシンほど細かくは縫えませんが、端の始末には十分。飾り縫いにも使えます。

1枚ずつかける
ロックミシンまたはジグザグミシンを縫い合わせる前にかけておき、縫ってから縫い代を割る方法。厚みが抑えられてすっきりとし、ファスナーやゴム通し口のあきも作りやすい。

2枚一緒にかける
縫ってからロックミシンまたはジグザグミシンをかけ、そのあと縫い代を倒してアイロンをかける方法。厚みは出ますが丈夫に仕上がります。表から補強のための押さえミシンをかけることもできます。

ミシンで縫う　その2

布を縫い合わせるほかにも、服作りにはいろいろなテクニックがあります。
どれも覚えていて損はないものなので、基本をマスターしておきましょう。
服はもちろんのこと、バッグなどの小物にも使えます。

★ギャザーを寄せる

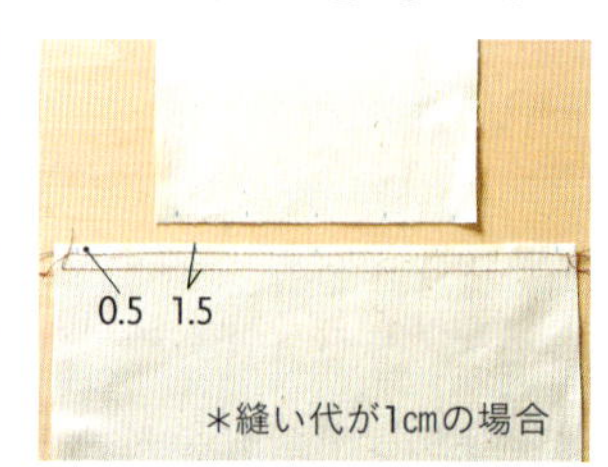

ギャザーを寄せる布と縫い合わせる布にそれぞれ合印をつけておきます。ギャザーを寄せる布に0.3cmほどの粗いミシン目で2本かけます。ギャザースカートなどの長い距離の場合は下糸を太い30番手にすると、あとでひっぱるときに切れてしまうことがありません。

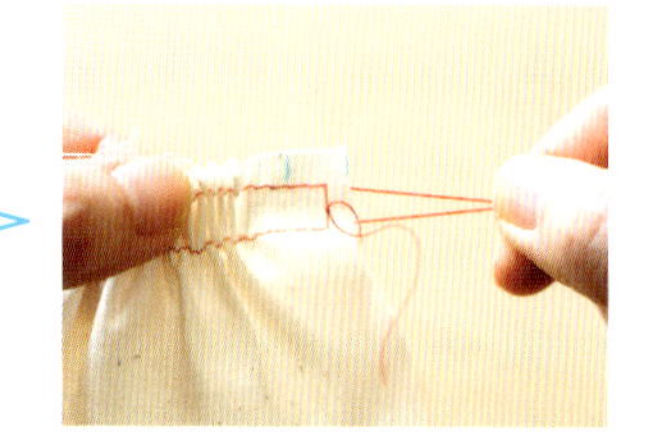

上糸は2本一緒に結んでおき、下糸を2本揃えてひっぱって縮めます。2本均等にひくと、ひだがきれいに縦に並びます。

縫い合わせる布のサイズになるまで縮めます。

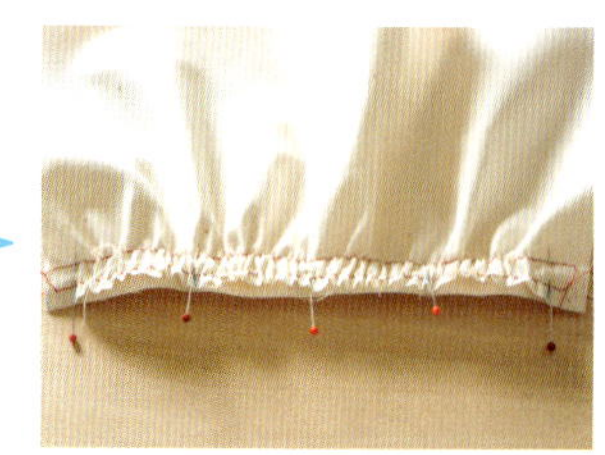

合印を合わせてまち針で固定し、ミシンで縫い合わせます。2本のギャザーミシンの間を本縫いすることになるので、表に見える部分のギャザーミシンの糸はほどきます。縫い代部分に残った糸はほどかなくても大丈夫。

★バイアステープを作る

共布で作る場合は、耳に対して45度になるように線をひき、カットします。幅は作りたい作品の裁ち合わせ図を参照します。方眼の入った定規を使うと平行な線がラクにひけます。

市販のバイアステープを使う場合、幅が同じとは限らないので、違う場合は折り目をアイロンで伸ばし、指定の幅にカットします。

★つなぐ場合は…

重ね方にコツがあるので注意してください。バイアス布は伸びやすいので、作業のときは伸ばさないように気をつけて縫いましょう。

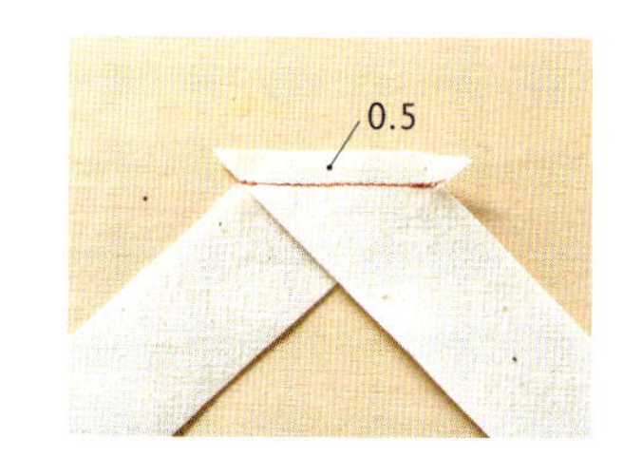

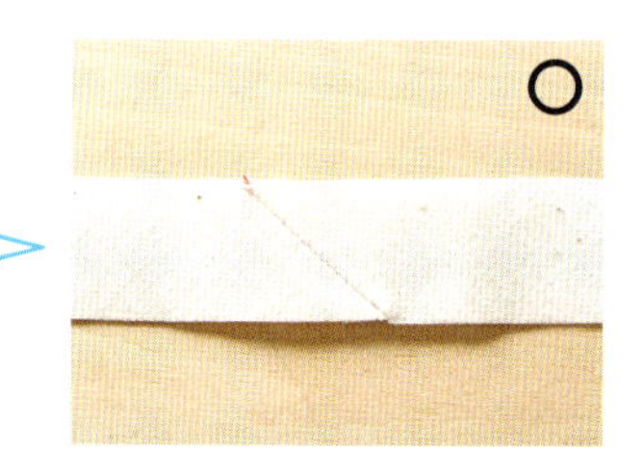

ボタンとホックをつける

すべてミシンで縫い終わり、最後の作業がボタンやホックつけなどの手作業です。最後まで気を抜かず、ていねいにつければ達成感も倍増。丈夫につけるコツがあるので、ぜひマスターしてください。

★ボタンをつける

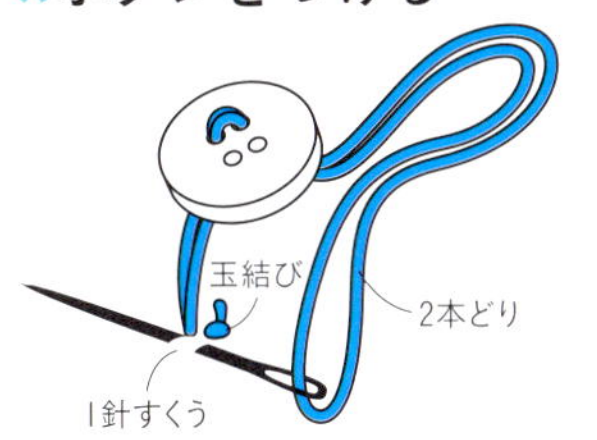

糸を2本どりにして玉結びを作り、表から針を刺します。布を少しすくって表に針を出し、ボタンの穴に糸を通します。

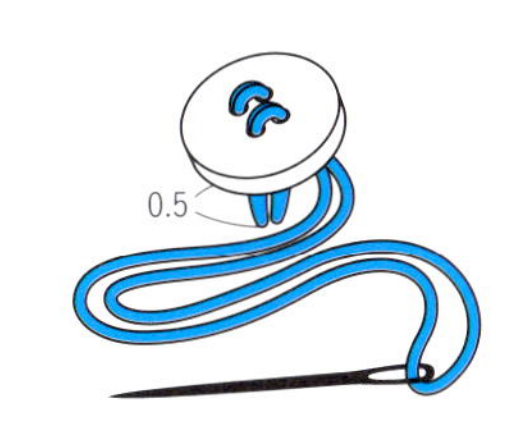

同じ位置をすくってボタンの穴に糸を通すことを2～3回繰り返します。このとき、糸をきつく引かずにボタンを浮かせるようにして0.5cmの糸足を残します。

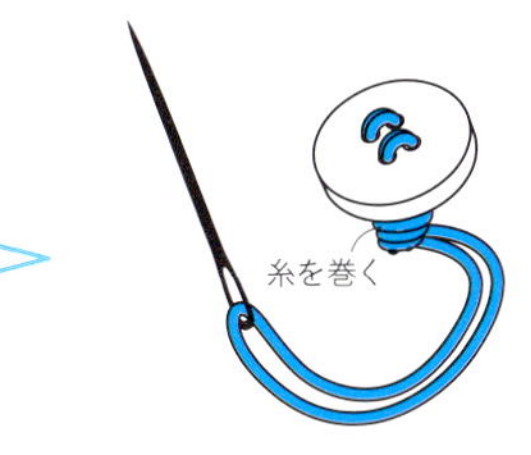

糸足に糸をぐるぐると巻きつけます。

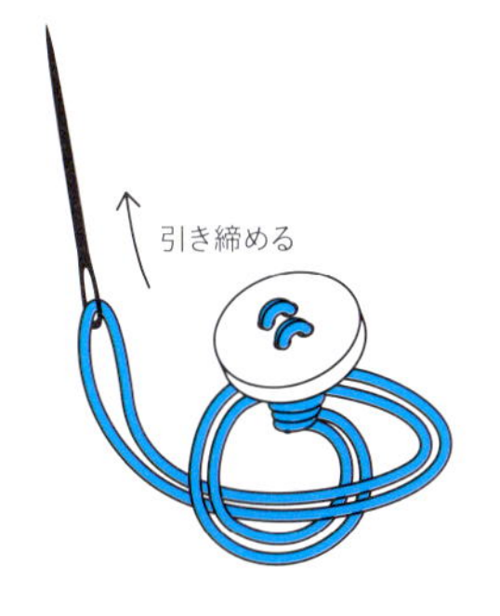

糸の輪に針を通して引き締めます。

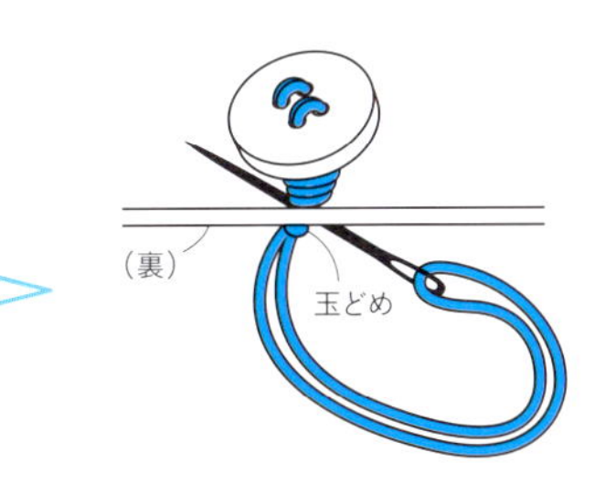

針を布の裏に出して玉どめを作り、糸を表に出して根元で糸を切ります。

★スプリングホックをつける

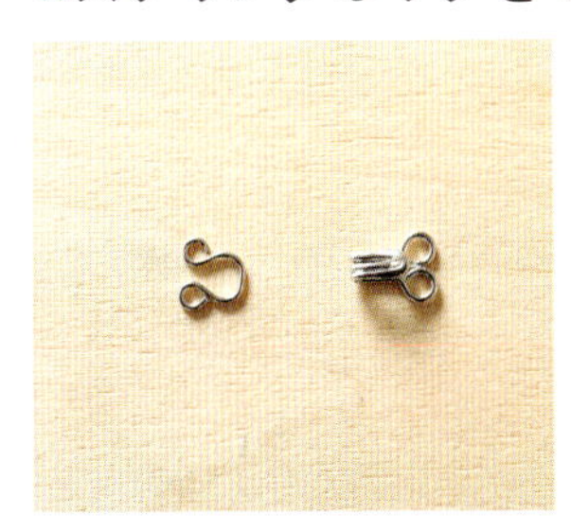

スプリングホックはコンシールファスナーの上など、つき合わせになった部分につけるホックのことです。子どものワンピースなら0・～1号の小さいものを使います。

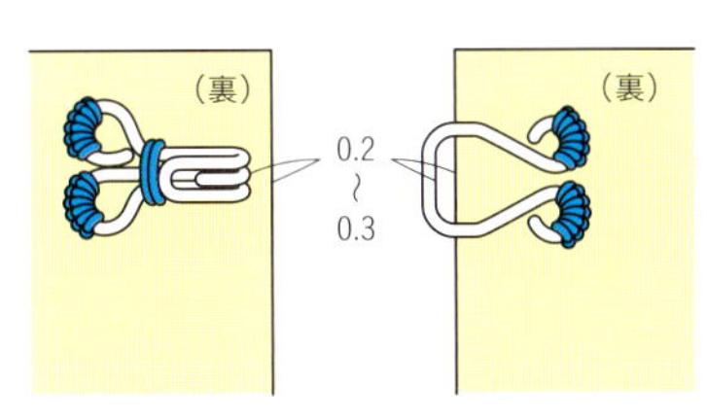

スプリングホックは裏につけます。左に受ける側（メス）、右にかける側（オス）を配置して、かがっていきます。

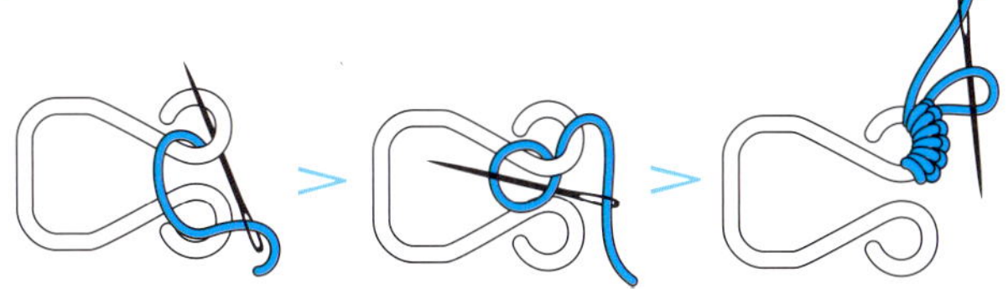

ソーイングの用語集

あきみせ
イージーパンツの前など、あいていない仕立てをあいているように見せたフェイクの仕立て。

粗ミシン
0.3cm以上の大きな針目でミシンをかけること。あとでほどいたり、ギャザーを寄せるときなどにかける。

押さえミシン
縫い代や見返しなどがひらひらしないように表からミシンをかけること。

落としミシン
縫い目の割れ目やきわにかけるミシンステッチのこと。表から縫い目が目立たない。

カフス
シャツなどの袖につける別布のこと。

ギャザー
布を縫い縮めること。スカートや袖口にふっくらとボリュームを出すことができる。

コンシールファスナー
閉めると噛み合わせの部分や縫い目が表に出ないファスナーのこと。

しつけ
ミシンで縫う前に、しつけ糸で縫いとめて仮どめしておくこと。

スレキ
裏地やポケット布に用いられる薄い布地。素材は綿やレーヨンなど。洗うとやわらかくなり、表にひびきにくいのが特徴。

接着芯
布を補強したり形を作るための裏打ちの布。糊がついており、アイロン接着できる。

ダーツ
布を三角につまんで縫い、立体的な形を作ること。

タック
布を折りたたんでひだを作ること。

中表
布の表と表を合わせて重ねること。裏と裏を合わせて重ねるのは「外表」。

布目
耳（たて糸）と平行になった方向のこと。

バイアス
布目に対して斜め45度になっていること。斜めによく伸びる布の性質を利用してバイアス布で曲線の始末をする。

パイピング
細長い布で布端をくるみ、始末すること。

控える
表から縫い目が見えないように内側を0.1cmくらいの差をつけて折ること。

袋布
ポケットの内側につけられた袋状の布のこと。

前立て
シャツなどの前が重なる部分。ボタンやボタンホールをつける。

見返し
袖ぐりや襟ぐり、前立てなどを始末するためにつける布。

三つ折り
布を2回折って、布端を隠すように始末すること。

向こう布
ポケット口からスレキが見えないようにつける布のこと。表地と同じ布を使用する。

ヨーク
補強や装飾の目的でつける切替布のこと。シャツの肩ヨークなどがある。

わ
二つ折りにしたときに布の折り目になった部分。裁断をするときに「わ」にした布に型紙を置き、左右対称に布を裁つ。

HOW TO MAKE

それではいよいよ実際の作品を縫ってみましょう。
あせらず、ひとつひとつの工程をていねいに進めてください。

★写真や図中の数字の単位はすべてcmです。
★ベルトやカフスなど、直線裁ちのものは実物大型紙にありませんので、
裁ち合わせ図の寸法どおりに裁断してください。
★裁ち合わせ図はサイズによって多少配置が変わります。

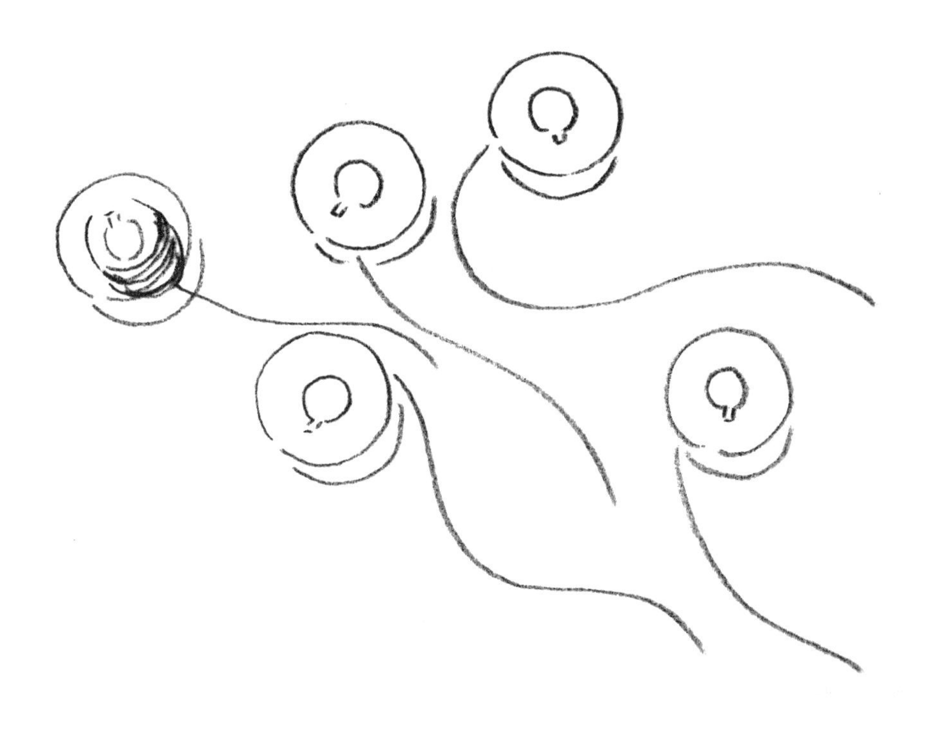

ベーシックなパンツ

A1 フルレングス

✚写真：9・10・11page

出来上がりサイズ	ヒップ	パンツ丈
100	67.5cm	60.5cm
110	71.5cm	67.5cm
120	75.5cm	74.5cm
130	79.5cm	81.5cm
140	84cm	85.5cm
150	88cm	92.5cm
160	92cm	99.5cm

✚材料

表布(チェックのツイル、グリーンのコットン)＝110cm幅×130cm(100)／140cm(110)／150cm(120)／160cm(130)
(リネン帆布、ネイビーのコットン)＝110cm幅×190cm(140)／200cm(150)／210cm(160)
接着芯(不織布)＝100cm幅×10cm
ゴムテープ(3cm幅)＝40cm(100〜130)／50cm(140〜160)
総ゴムの場合は60cm(100〜130)／70cm(140〜160)
※子どものウエストサイズによって調節

✚作り方

準備 前ベルト、あきみせ布の裏に接着芯を貼る。前後パンツ脇・股下、あきみせ布のカーブ、前後ベルトの片端、ベルトループの片端にジグザグミシンをかける

① 後ろパンツにポケットをつける
② 脇を縫い、サイドポケットをつける
③ 前股上にあきみせ布をつけて縫う
④ 後ろ股上を縫う
⑤ 股下を縫う
⑥ 股割りステッチをかける
⑦ ベルトを作り、つける
⑧ ベルトループを作り、つける
⑨ 裾の始末をする
⑩ ゴムを通して端を縫いとめる

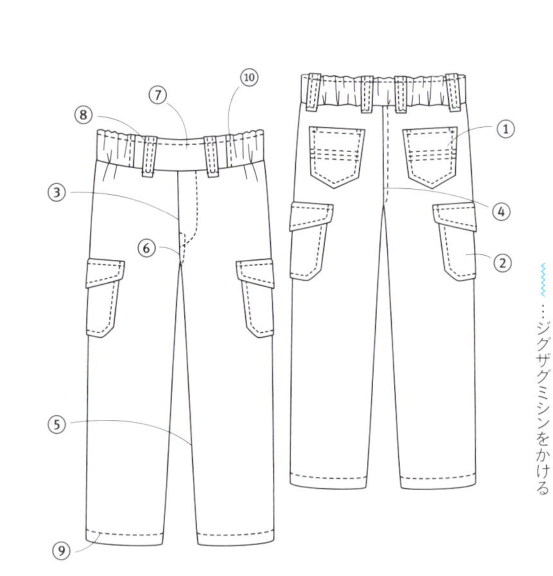

✚裁ち合わせ図

指定外の縫い代はすべて1cm
単位＝cm

□…接着芯を貼る
〰…ジグザグミシンをかける

トドラー・表布
110cm幅
ベルトループ(1枚) 50 4
あきみせ布(1枚)
フラップ(4枚)
後ろ中心
前パンツ(2枚) 2.5
サイドポケット(2枚) 3
後ろポケット(2枚) 2.5
後ろパンツ(2枚) 2.5
前中心
後ろベルト(1枚) 8
前ベルト(1枚) 8
130(100)／140(110)／150(120)／160(130)

ジュニア・表布
110cm幅
ベルトループ(1枚) 50 4
前パンツ(2枚) 2.5
サイドポケット(2枚) 3
後ろポケット(2枚) 2.5
フラップ(4枚)
あきみせ布(1枚)
後ろパンツ(2枚) 2.5
後ろ中心
前中心
後ろベルト(1枚) 8
前ベルト(1枚) 8
190(140)／200(150)／210(160)

●…32(100)／34(110)／36(120)／38(130)／40(140)／42(150)／44(160)
⊙…8.5(100)／9(110)／9.5(120)／10(130)／10(140)／10.5(150)／11(160)
★…15(100)／16(110)／17(120)／18(130)／18(140)／19(150)／20(160)
(　)はサイズ

①
後ろパンツにポケットをつける

ポケット口を1.25cmに2回折って三つ折りにして縫い、好みで飾りステッチをかけます。型紙には中心の線の位置があるので、0.5cmの間隔で上下にステッチを入れます。縫い代1cmを折ってアイロンをかけます。

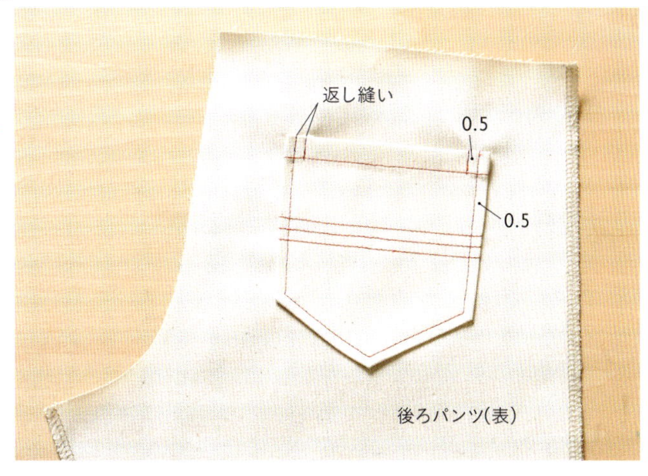

後ろパンツのポケット位置に縫いつけます(左)。ポケット口から縫い代がはみ出るので、目打ちで押し込みながら縫うときれい(上)。

②
脇を縫い、サイドポケットをつける

サイドポケットの口を1cm→2cmの三つ折りにして縫い、縫い代1cmを折ってアイロンをかけます。

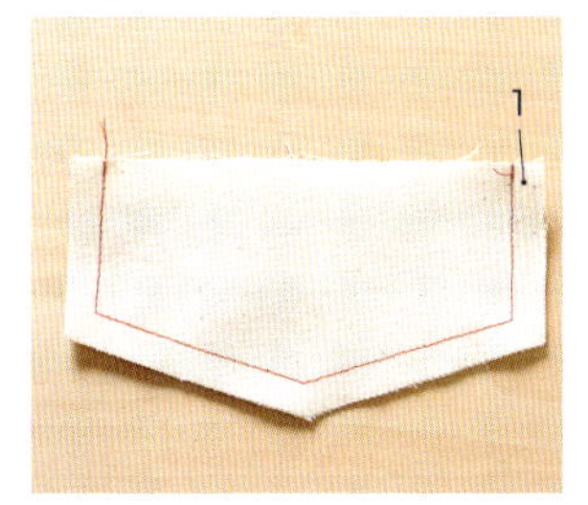

フラップ2枚を中表に合わせて縫います。針目を細かくするとほつれにくい。

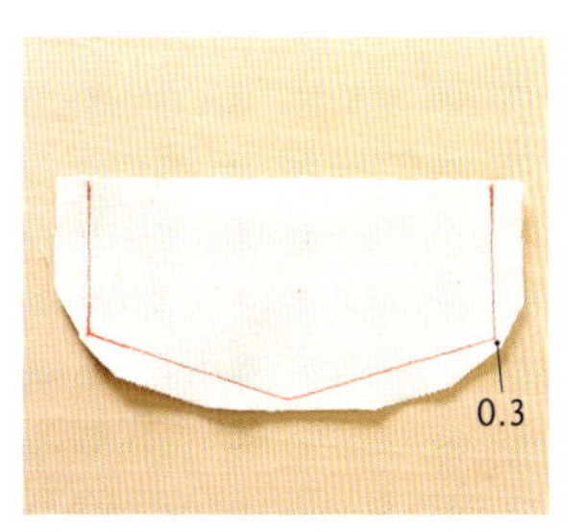

縫い代がごろつかないようにカットします。角の部分は0.3cmほど残します。

表に返してアイロンで整え、ステッチをかけます。

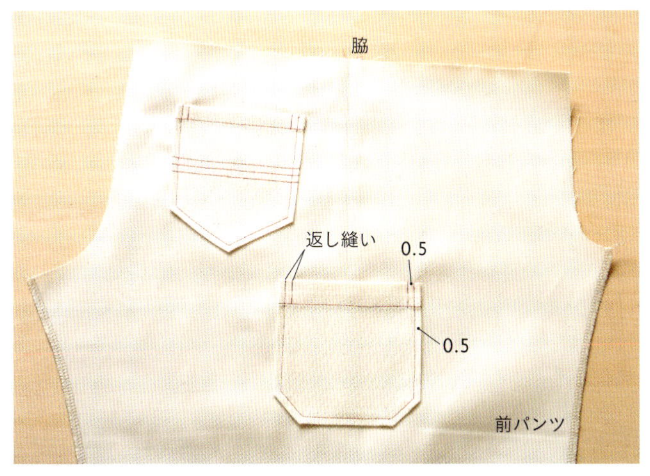

前後パンツの脇を縫い合わせ、縫い代を割ります。サイドポケットをつけ位置に縫いつけます。

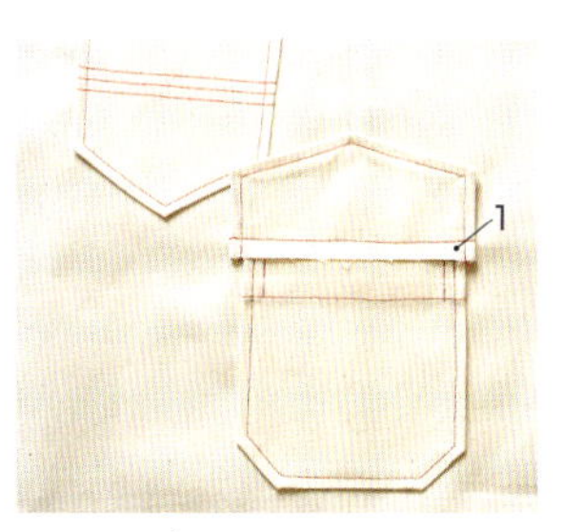

フラップをつけ位置に上に向けて縫いつけます。

縫い代を半分にカットします。

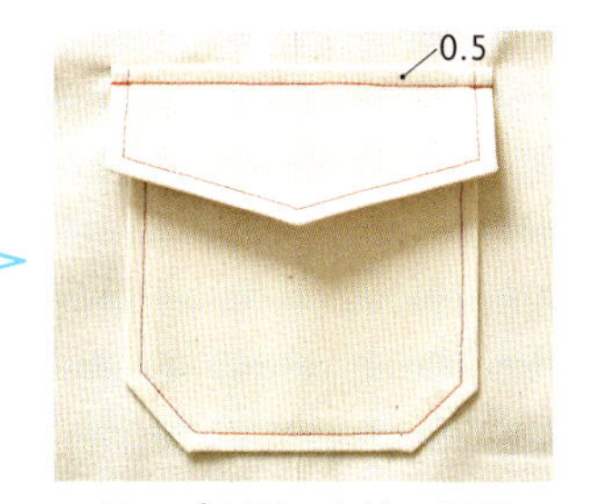

フラップを下に向けて折り、上からステッチをかけます。

A

③ 前股上にあきみせ布をつけて縫う

前パンツを中表に合わせ、写真のように右側にあきみせ布を裏にして重ねます。3枚一緒に縫い合わせ、ジグザグミシン(またはロックミシン)をかけます。

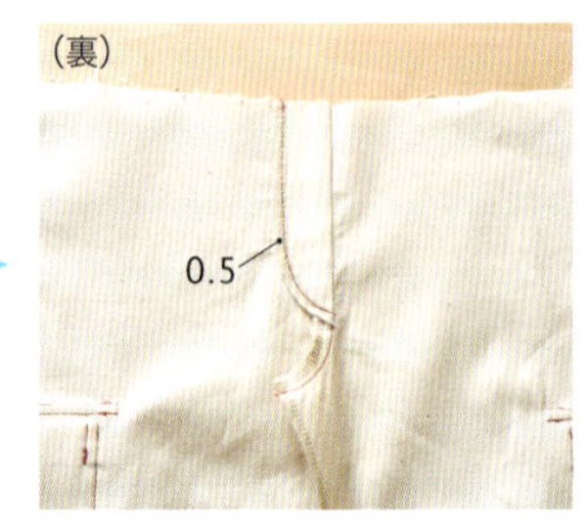

あきみせ布を左側に倒し、端から0.5cmのところを縫います。

表から見たところ。

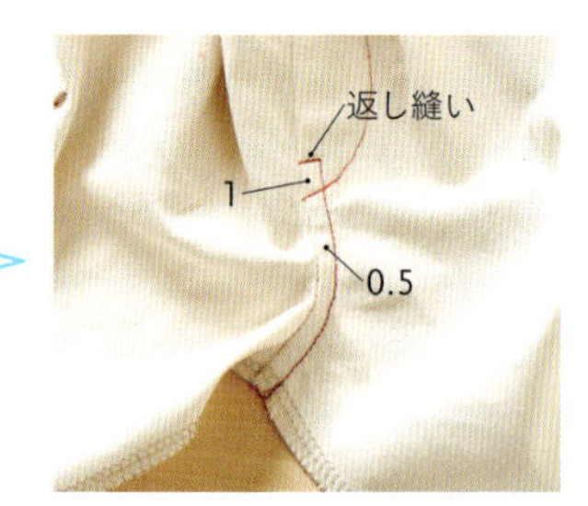

股上の縫い代を左に倒し、表から写真のようにステッチをかけます。

④ 後ろ股上を縫う

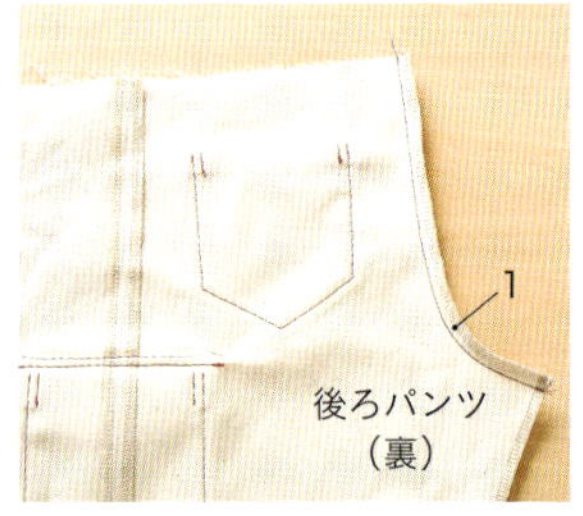

中表に合わせて後ろ股上を縫い合わせ、縫い代に2枚一緒にジグザグミシンをかけます。

縫い代を右に倒し(前股上と逆)、表からステッチをかけます。

⑤ 股下を縫う

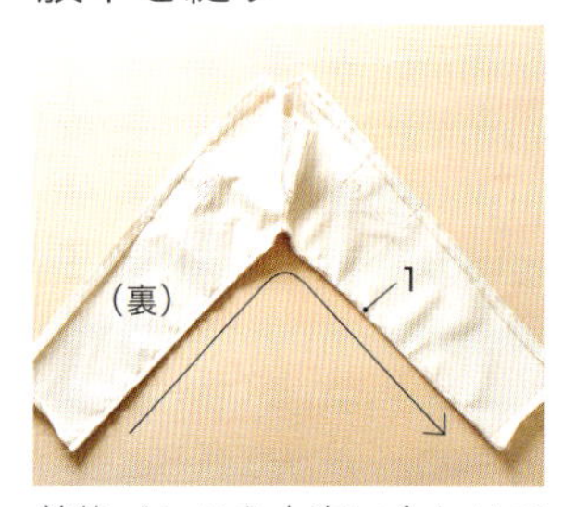

前後パンツを中表に合わせて股下を続けて縫い、縫い代を割ります。

⑥ 股割りステッチをかける

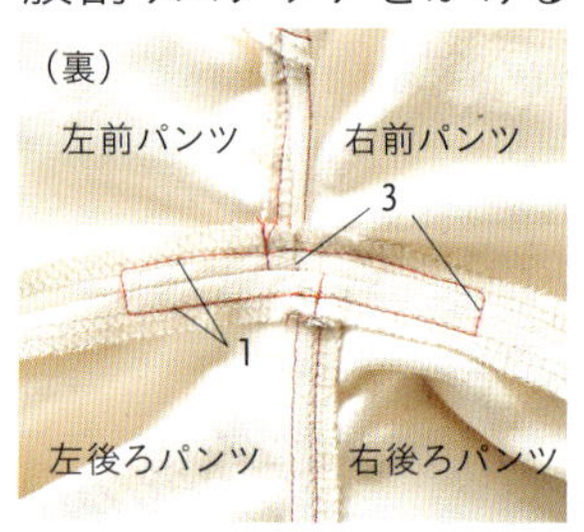

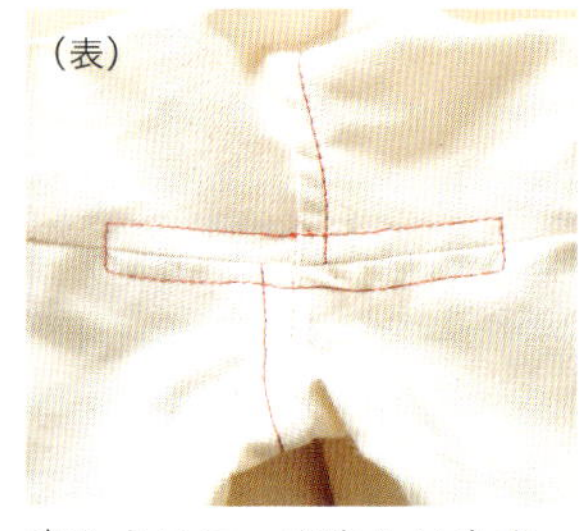

裏からステッチをかけます。縫い代がもたつかず着心地がよくなるのと、補強にもなります。

⑦ ベルトを作り、つける

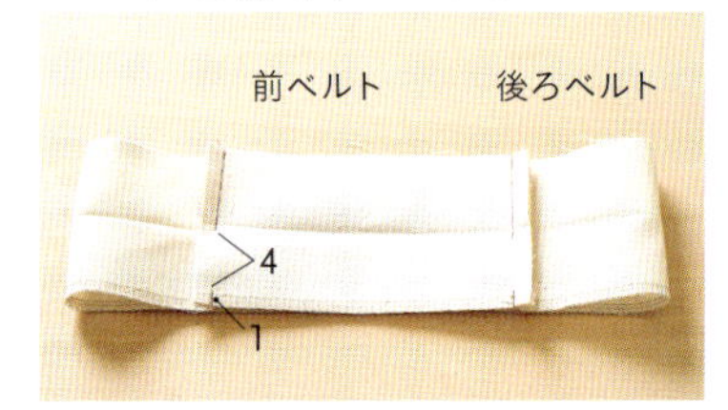

前ベルトと後ろベルトを2か所で縫い合わせます。このときゴム通し口を2か所あけておきます。あらかじめ出来上がり線で折ってアイロンをかけておきます。ベルトのはぎ目の縫い代は割ります。

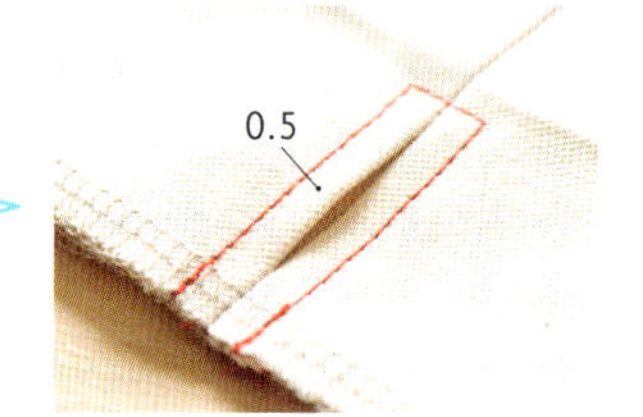

ゴム通し口は、表からステッチで囲っておきます。

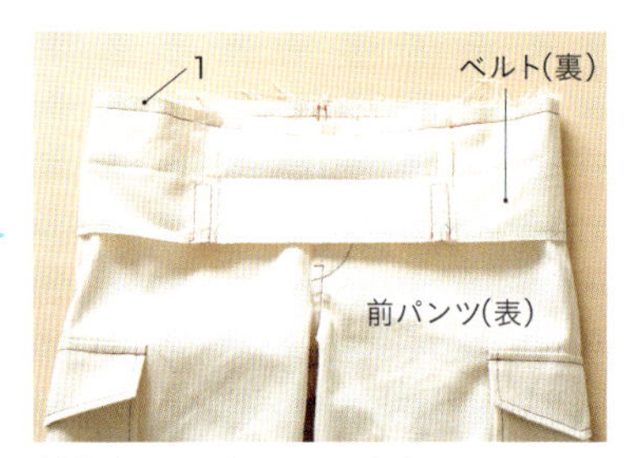

前後中心を合わせて中表になるようにパンツに重ね、縫い合わせて縫い代をベルト側に倒します。

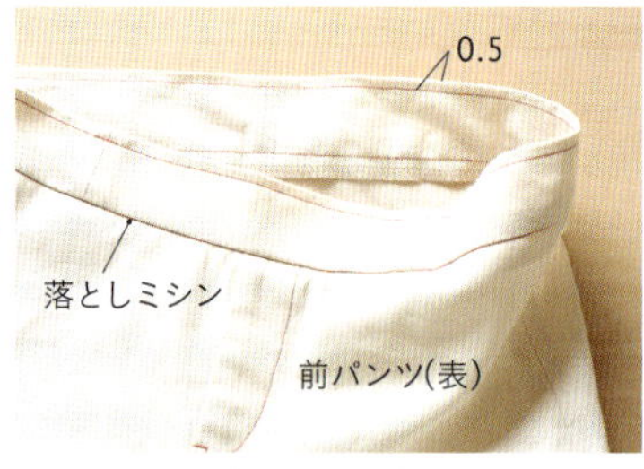

ベルトを出来上がり線で折り、折り目にステッチをかけます。ベルトのきわに表から落としミシン(P46)をかけます。

⑧ ベルトループを作り、つける

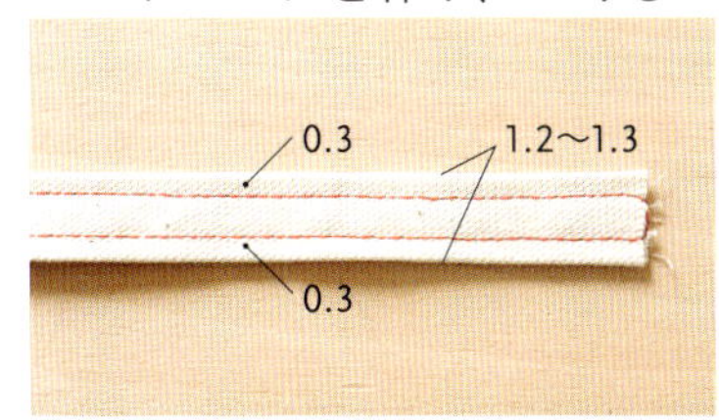

表から布端が見えないようにジグザグミシン側を0.1cm控えて（P46）三等分に折ります。2本ステッチを入れます。

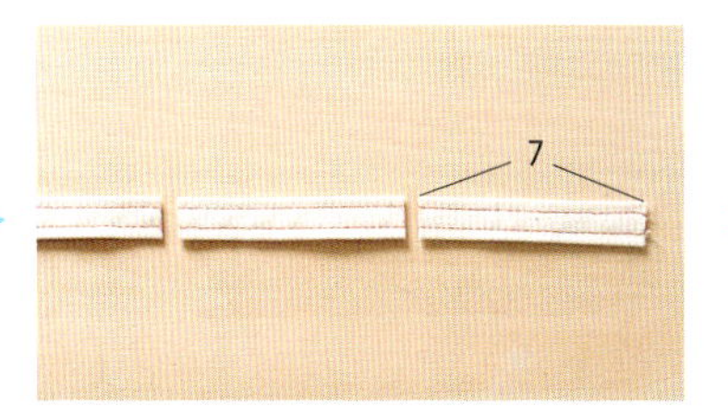

7cmにカットし、ベルトループを6本作ります。

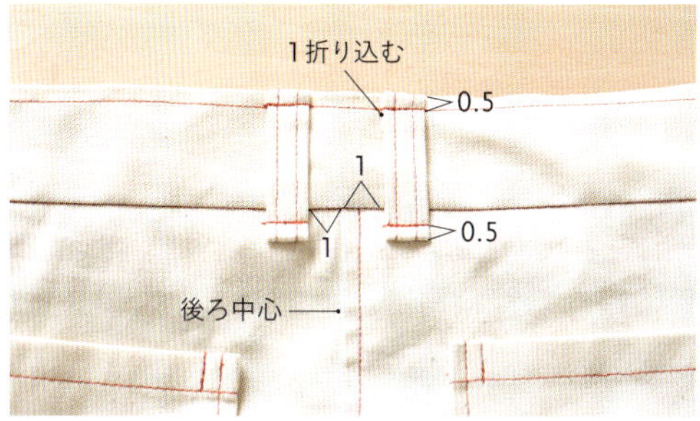

ベルトループの端を1cm折り込み、ミシンで表から縫いつけます。ベルトループを少したるませるようにしながら、返し縫いをしてしっかりとつけます。

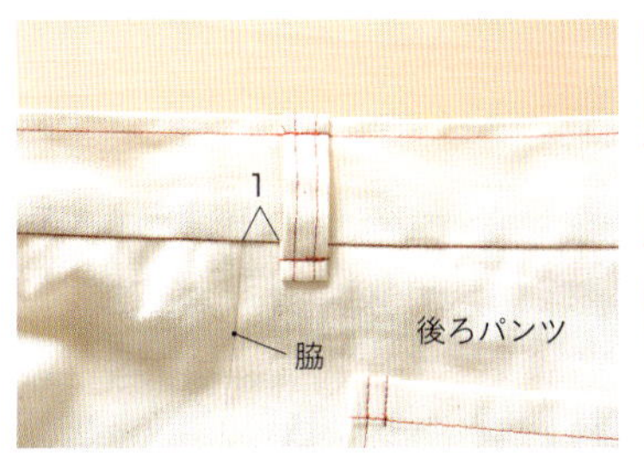

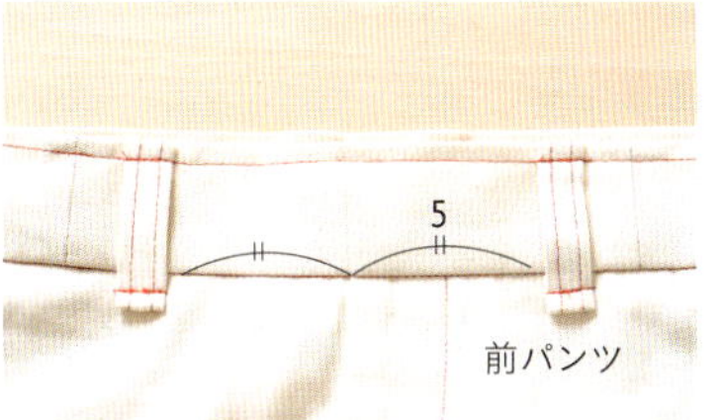

同様に脇、前に計6か所縫いつけます。

⑨ 裾の始末をする

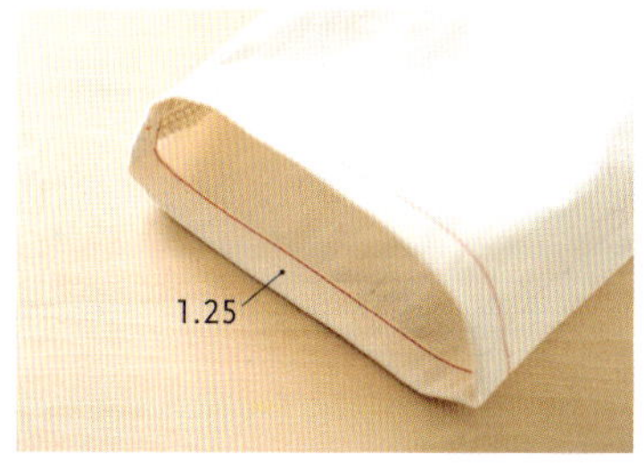

三つ折りにして裏側を見ながらステッチをかけます。

⑩ ゴムを通して端を縫いとめる

ゴム通し口からゴムを通し、まち針でとめます。この段階で子どもに試着させてサイズを調節するとよいでしょう。その場合、まち針は危ないので、しつけなどでとめて。

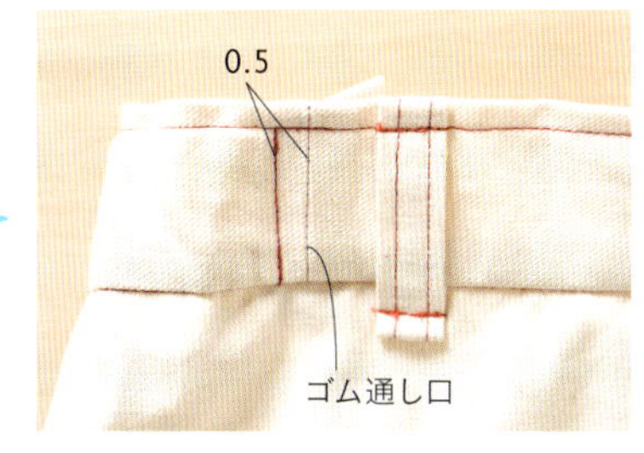

ゴム通し口の0.5cm脇側を、ミシンで表から縫いとめます。

ゴムの端を前ベルトに通して隠します。長いようなら2〜3cmにカット。

総ゴムにもできます

片方のゴム通し口からぐるりと一周ゴムを通し、端を1cm重ねて縫いとめます。

ベーシックなパンツ

A2 ハーフ

✚写真：12page

出来上がりサイズ	ヒップ	パンツ丈
100	67.5cm	39cm
110	71.5cm	43cm
120	75.5cm	47cm
130	79.5cm	50cm
140	84cm	54.5cm
150	88cm	58.5cm
160	92cm	62.5cm

✚材料

表布(コットンツイル、
コットンプリント)＝148cm幅×
70cm(100)／75cm(110)／
80cm(120)／85cm(130)／
110cm(140)／115cm(150)／
120cm(160)
接着芯(不織布)＝100cm幅×10cm
ゴムテープ(3cm幅)＝
40cm(100〜130)／50cm(140〜160)
総ゴムの場合は
60cm(100〜130)／70cm(140〜160)
※子どものウエストサイズによって調節

✚作り方

準備　前ベルト、あきみせ布の裏に接着芯を貼る。股下、あきみせ布のカーブ、前後ベルトの片端、ベルトループの片端にジグザグミシンをかける。

① 後ろパンツにポケットをつける
② パッチポケットをつけて、脇を縫う
③ 前股上にあきみせ布をつけて、縫う
④ 後ろ股上を縫う
⑤ 股下を縫う
⑥ 股割りステッチをかける(P50参照)
⑦ ベルトを作り、つける
⑧ ベルトループを作り、つける
⑨ 裾の始末をする
⑩ ゴムを通して端を縫いとめる

★赤いコットンプリントのパンツは、⑧のベルトループを省略し、総ゴム(P51参照)にしています。

✚裁ち合わせ図

指定外の縫い代はすべて1cm
単位＝cm

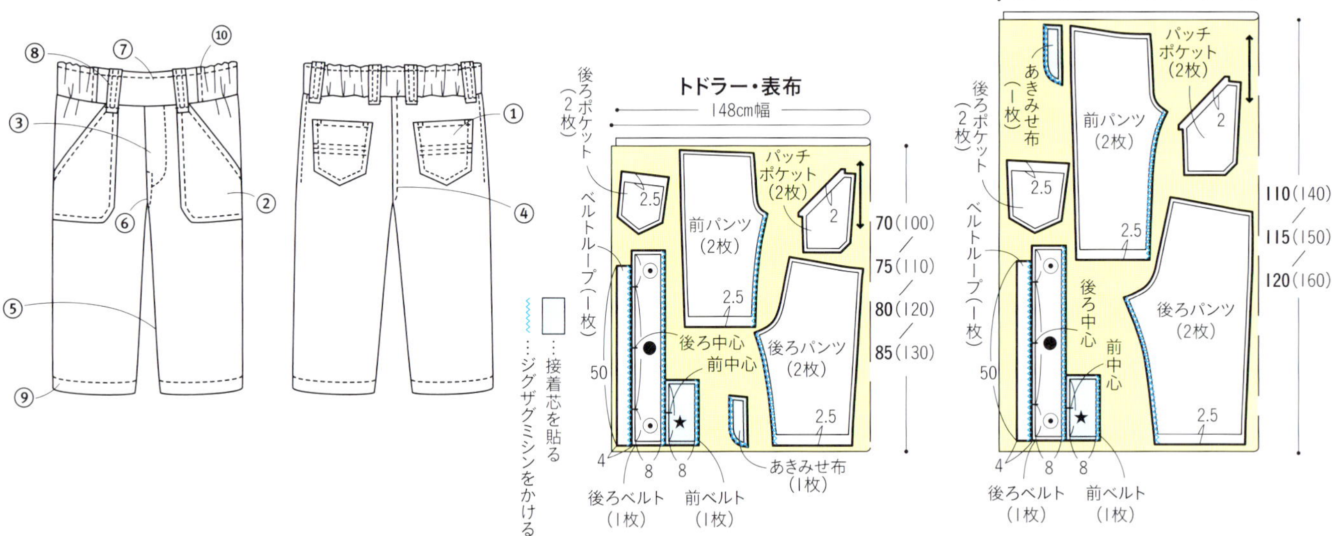

※①、③〜⑩の工程はP49〜51の**A1**フルレングスの作り方を参照してください

②

パッチポケットをつけ、脇を縫う

パッチポケットを型紙どおりに裁ちます。ポケット口の縫い代は、出来上がりに折ってから端をカットします。

アイロンで出来上がりに折ります。ポケット口は三つ折りにしてミシンをかけます。

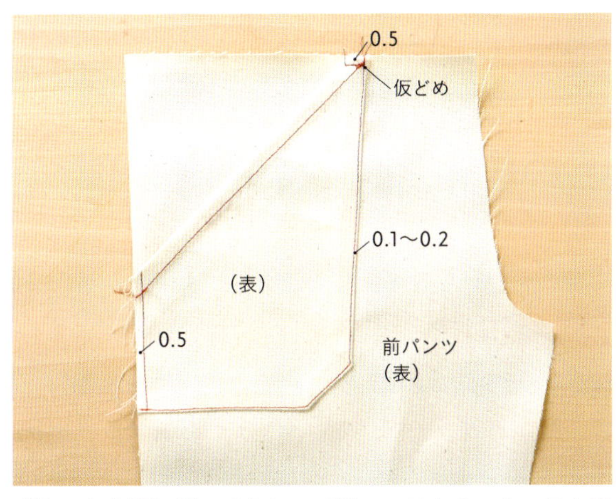

ポケット位置に置いてミシンで縫いつけます。ウエスト部分と脇にミシンで仮どめをしておきます。

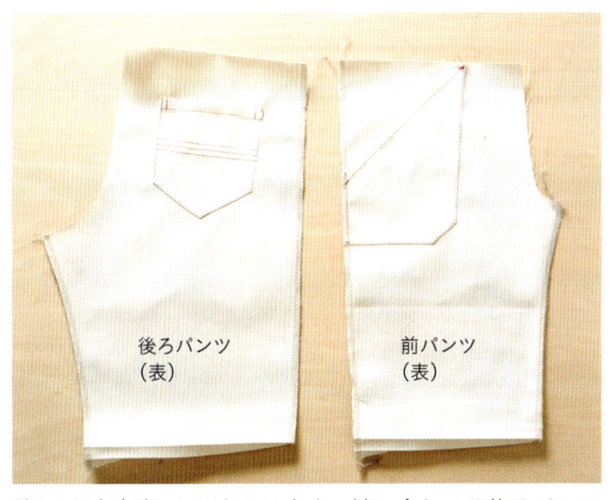

脇にジグザグミシンをかけます。縫い合わせる後ろパンツの脇にも同様にかけます。

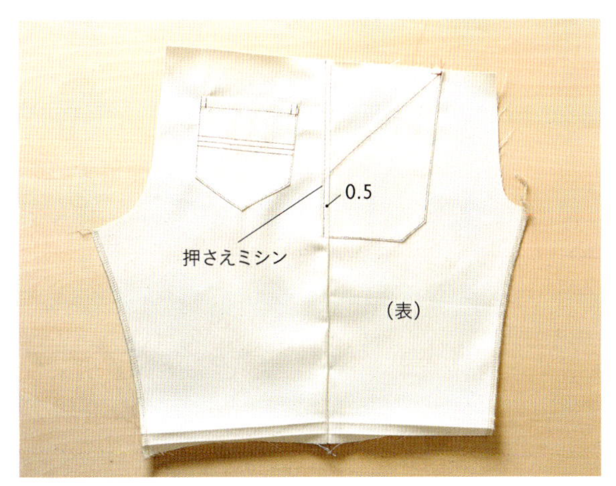

前後パンツを中表に合わせて脇を縫い合わせ、縫い代を後ろパンツ側に倒します。押さえミシン(P46)をポケットの底までかけます。

裏から見たところ。脇の縫い代は押さえミシンから下の部分は割り、裾を三つ折りにします。

ベーシックなパンツ

A3 ショート

✚写真：13page

出来上がりサイズ	ヒップ	パンツ丈
100	67.5cm	25cm
110	71.5cm	26cm
120	75.5cm	27cm
130	79.5cm	28cm
140	84cm	28.5cm
150	88cm	29.5cm
160	92cm	30.5cm

✚材料

表布(コットン)＝150cm幅×
70cm(100〜130)／
85cm(140〜160)
スレキ(ポケット用)＝
80×25cm(100〜130)、
80×30cm(140〜160)
接着芯(不織布)＝100cm幅×10cm
伸び止めテープ＝10mm幅を適宜
ゴムテープ(3cm幅)＝
40cm(100〜130)／50cm(140〜160)
総ゴムの場合は
60cm(100〜130)／70cm(140〜160)
※子どものウエストサイズによって調節

✚作り方

準備　前ベルト、あきみせ布の裏に接着芯を貼る。股下、あきみせ布のカーブ、前後ベルトの片端、ベルトループの片端にジグザグミシンをかける

① 後ろパンツにポケットをつける
② 脇ポケットをつけ、脇を縫う
③ 前股上にあきみせ布をつけて縫う
④ 後ろ股上を縫う
⑤ 股下を縫う
⑥ 股割りステッチをかける(P50参照)
⑦ ベルトを作り、つける
⑧ ベルトループを作り、つける
⑨ 裾の始末をする
⑩ ゴムを通して端を縫いとめる

✚裁ち合わせ図

指定外の縫い代はすべて1cm
単位＝cm

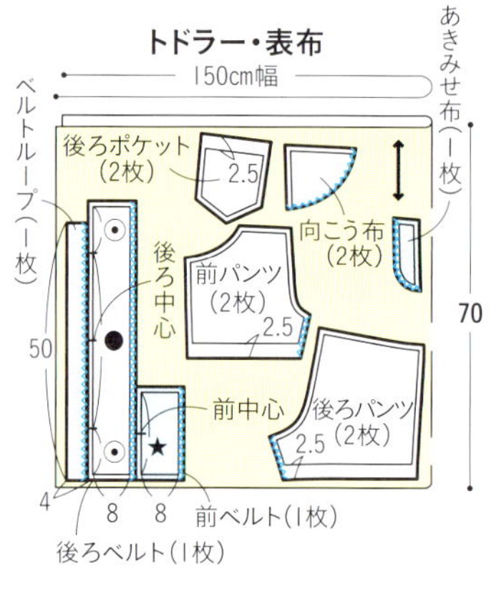

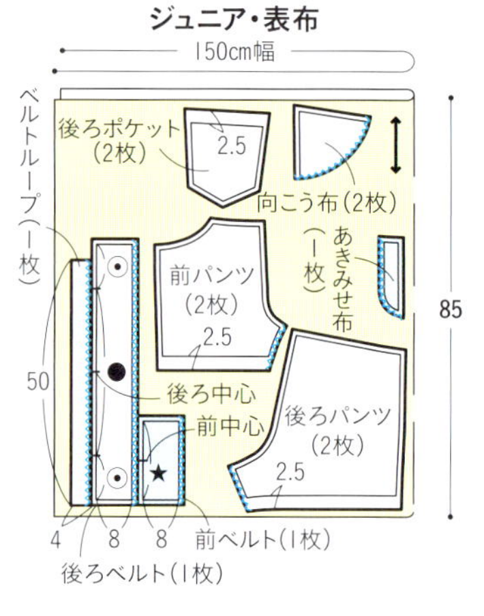

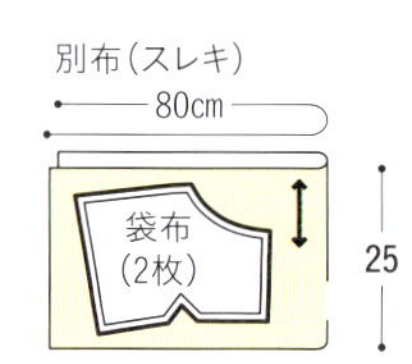

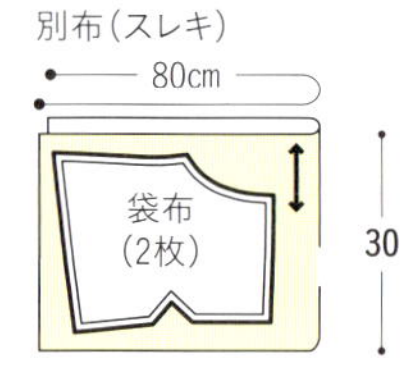

□…接着芯を貼る
〰…ジグザグミシンをかける

●…32(100)／34(110)／36(120)／38(130)／40(140)／42(150)／44(160)
⊙…8.5(100)／9(110)／9.5(120)／10(130)／10(140)／10.5(150)／11(160)
★…15(100)／16(110)／17(120)／18(130)／18(140)／19(150)／20(160)
(　)はサイズ

※①、③～⑩の工程はP49～51の**A1**フルレングスの作り方を参照してください

②
脇ポケットをつけ、脇を縫う

向こう布と、スレキで袋布を左右対称に2枚ずつ裁ちます。向こう布にはジグザグミシンをかけておきます。

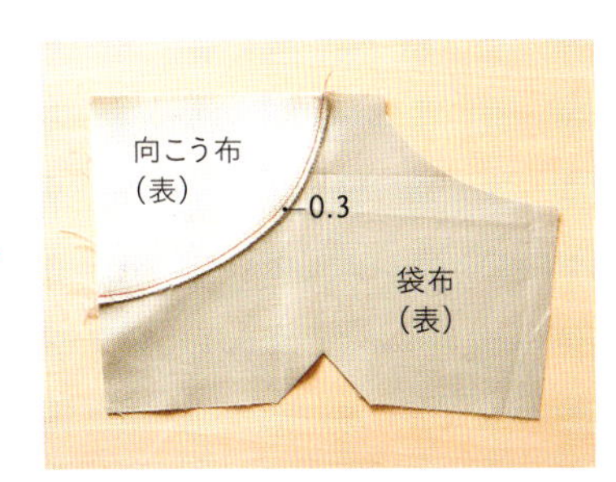

袋布に向こう布を縫いつけます。

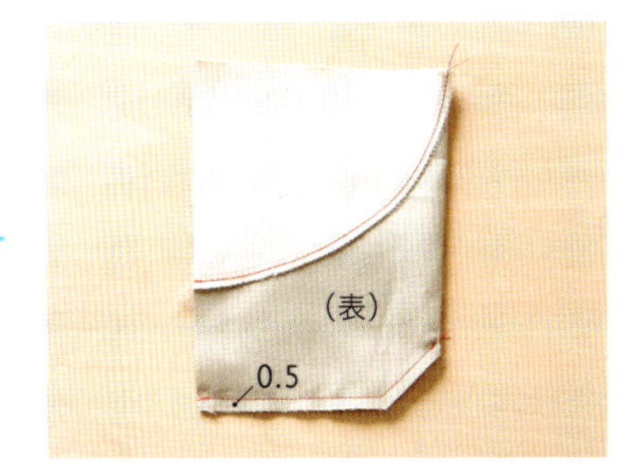

袋布を半分にたたみ、底を縫います。

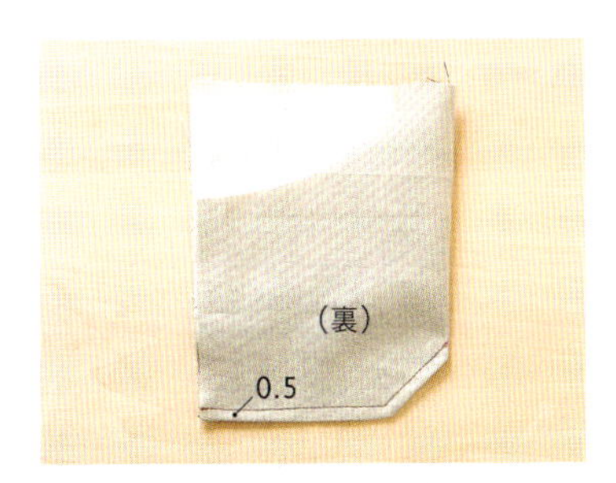

裏に返し、ミシンをかけます。

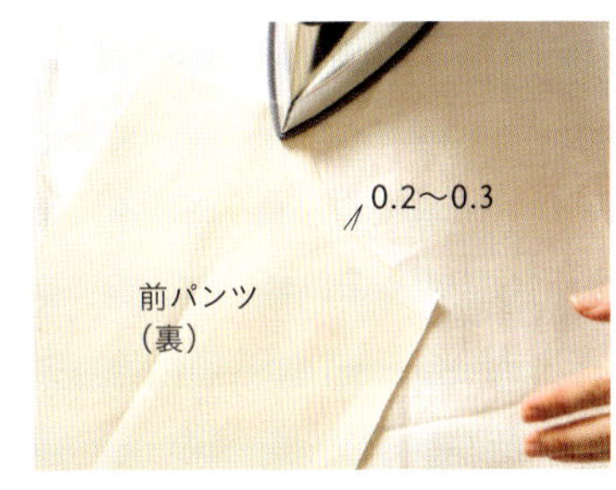

前パンツのポケット口の裁ち端から0.2～0.3cmの場所に、伸び止めテープを貼ります。

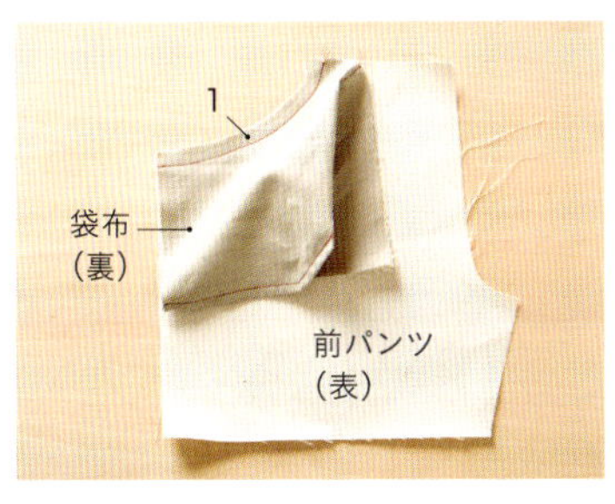

前パンツと袋布のポケット口を中表に合わせて縫います。

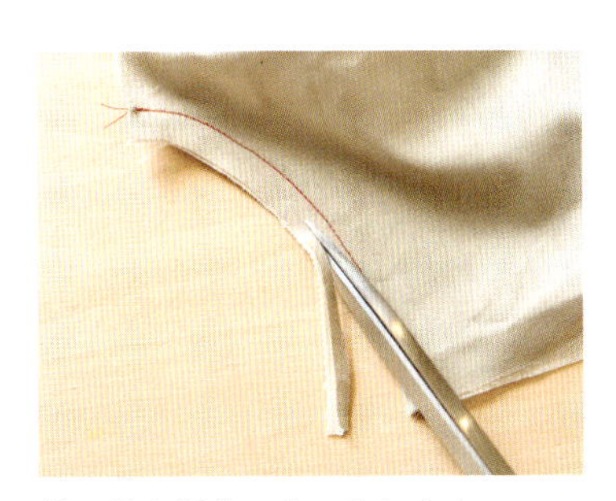

縫い代を半分にカットします。

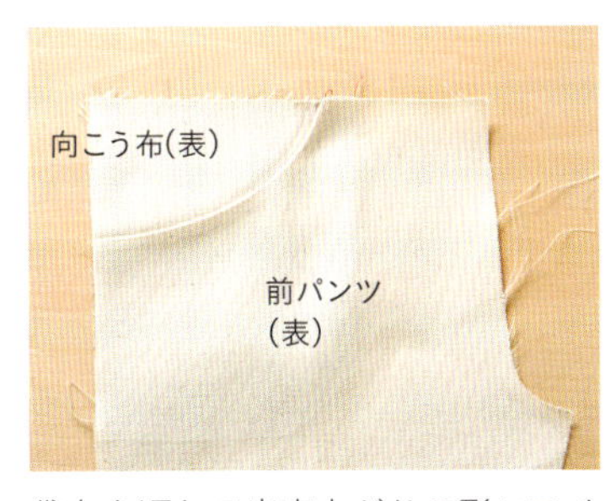

袋布を返して出来上がりの形にアイロンで整えます。

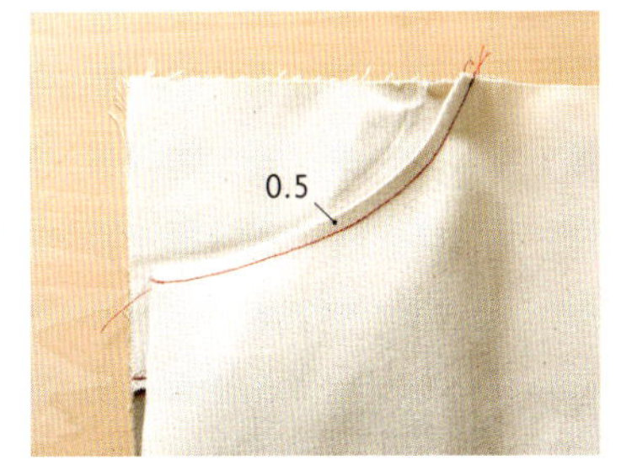

ポケット口にステッチをかけます。

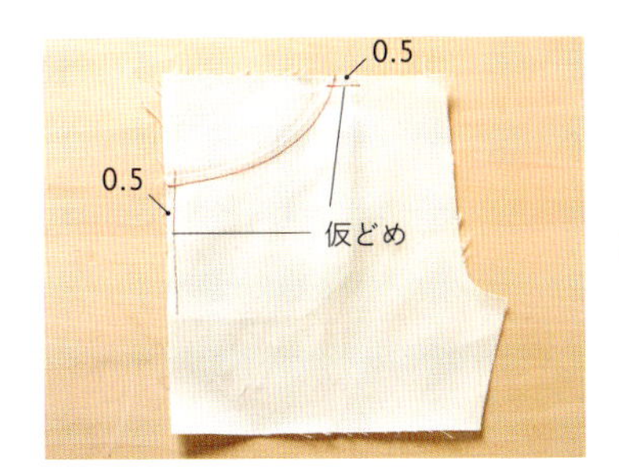

ウエストと脇に、ミシンで仮どめしておきます。

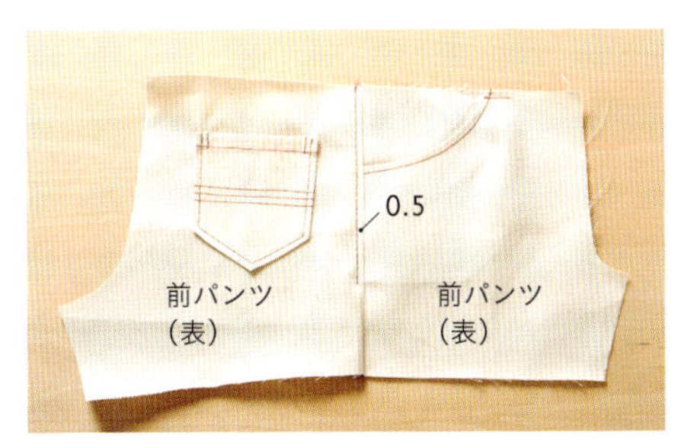

前後パンツの脇にそれぞれジグザグミシンをかけ、縫い合わせます。縫い代は後ろに倒して、ポケットの底まで表から押さえミシン(P46)をかけます。

B

ストレッチパンツ

B1 フルレングス

✚写真：15page

出来上がりサイズ	ヒップ	パンツ丈
100	62cm	60cm
110	66cm	67cm
120	70cm	74cm
130	74cm	81cm
140	77cm	87cm
150	81cm	94cm
160	85cm	101cm

✚材料

表布(ストレッチコーデュロイ)＝
138cm幅×
75cm(100)／80cm(110)
85cm(120)／90cm(130)／105cm(140)
110cm(150)／115cm(160)
リブニット＝
70×15cm(100〜130)、
80×15cm(140〜160)
接着芯(不織布)＝10×20cm
ゴムテープ(3cm幅)＝
60cm(100〜130)／70cm(140〜160)
※子どものウエストサイズによって調節

✚作り方

準備　あきみせ布の裏に接着芯を貼り、カーブ側にジグザグミシンをかける。前後パンツの股下にジグザグミシンをかける。

① 後ろパンツにポケットをつける
② 前股上にあきみせ布をつけて縫う
③ 後ろ股上を縫う
④ 股下を縫う
⑤ 股割りステッチをかける(P50参照)
⑥ 脇を縫い、表から押さえミシンをかける
⑦ リブニットでベルトを作る
⑧ ベルトをつける
⑨ 裾の始末をする
⑩ ゴムを通し、端を1cm重ねて縫いとめる(P51参照)

✚裁ち合わせ図

指定外の縫い代はすべて1cm
単位＝cm

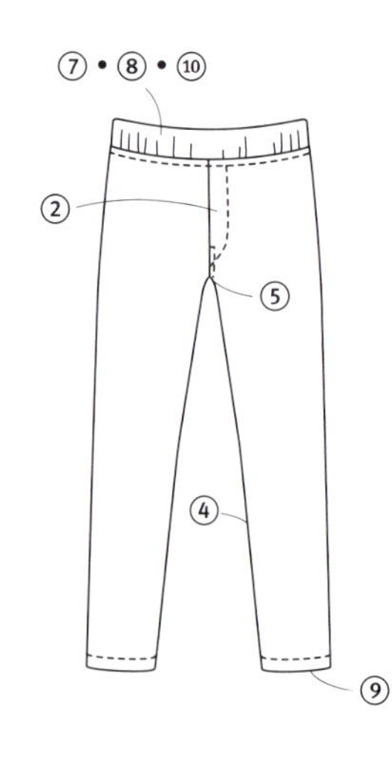

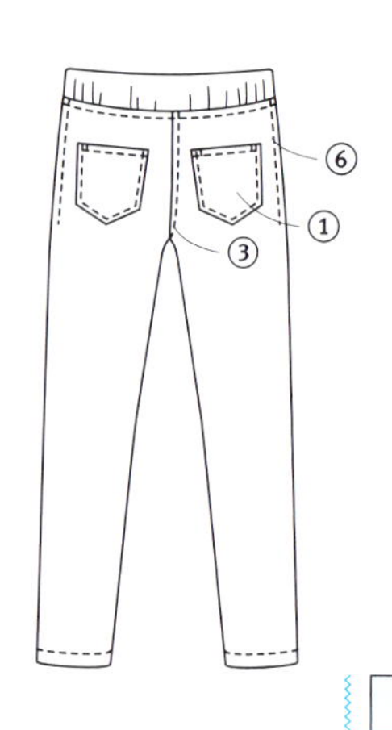

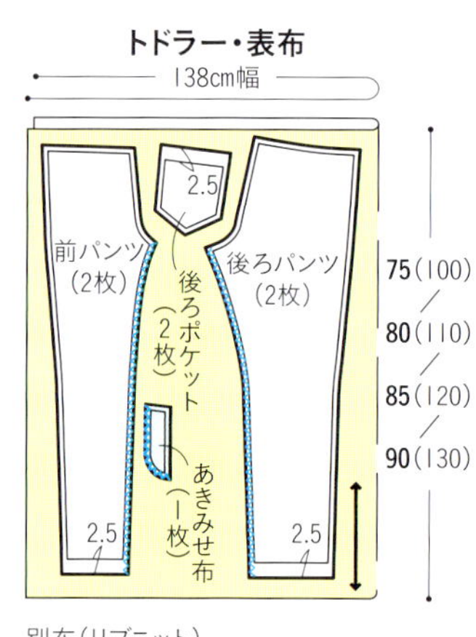

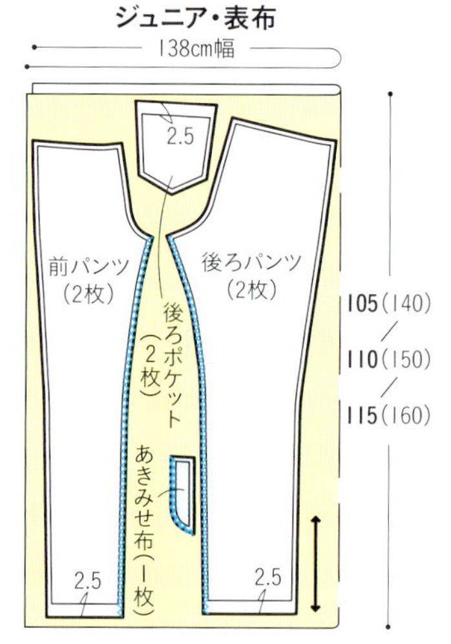

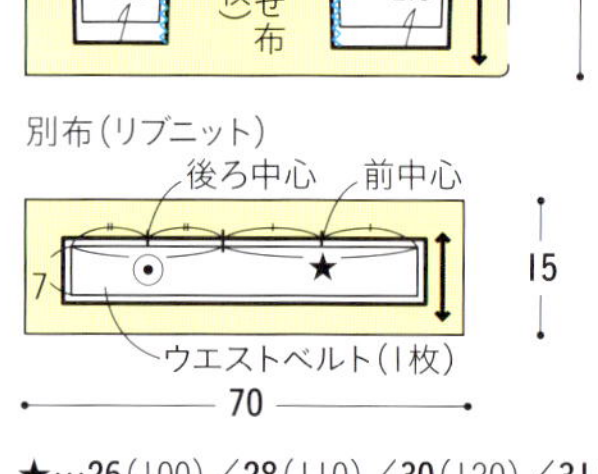

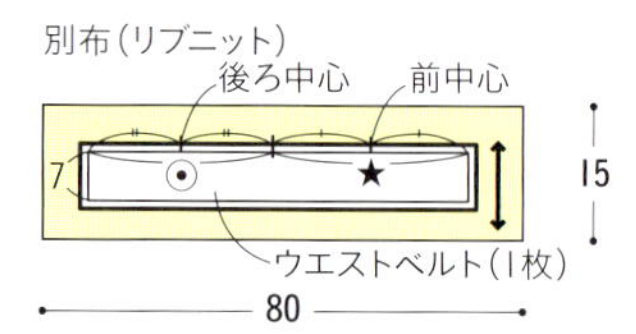

★…26(100)／28(110)／30(120)／31(130)／32(140)／34(150)／35(160)
⊙…21(100)／23(110)／24(120)／26(130)／26(140)／27(150)／28(160)
(　)はサイズ

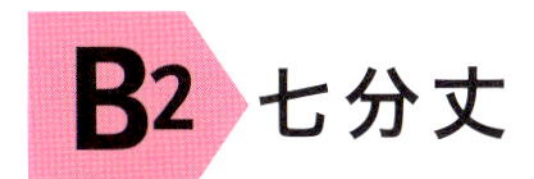

B2 七分丈

✚写真：16・17page

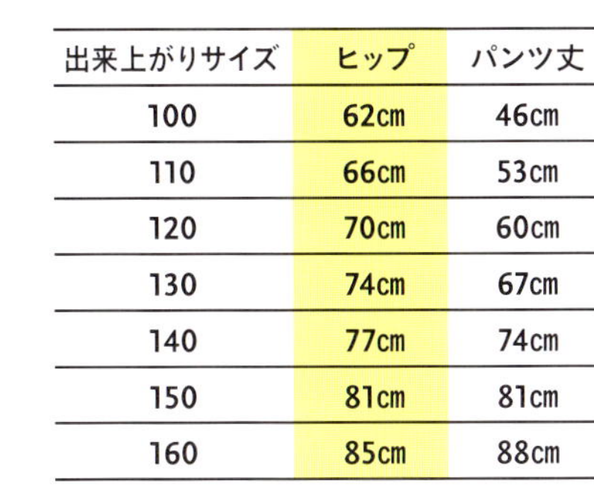

出来上がりサイズ	ヒップ	パンツ丈
100	62cm	46cm
110	66cm	53cm
120	70cm	60cm
130	74cm	67cm
140	77cm	74cm
150	81cm	81cm
160	85cm	88cm

✚材料

表布(ストレッチシャンブレー)＝
120cm幅×
65cm(100)／70cm(110)
75cm(120) ／80cm(130)
160cm(140)／170cm(150)
180cm(160)
リブニット＝
70×15cm(100～130)、
80×15cm(140～160)
接着芯(不織布)＝10×20cm
ゴムテープ(3cm幅)＝
60cm(100～130) ／70cm(140～160)
※子どものウエストサイズによって調節

⑦・⑧・⑩ ② ⑤ ④ ⑨ ⑥ ③ ①

✚裁ち合わせ図

指定外の縫い代はすべて1cm
単位＝cm

トドラー・表布
120cm幅
後ろポケット(2枚) 2.5 前パンツ(2枚) 後ろパンツ(2枚) あきみせ布(一枚) 2.5 2.5
65(100)／70(110)／75(120)／80(130)

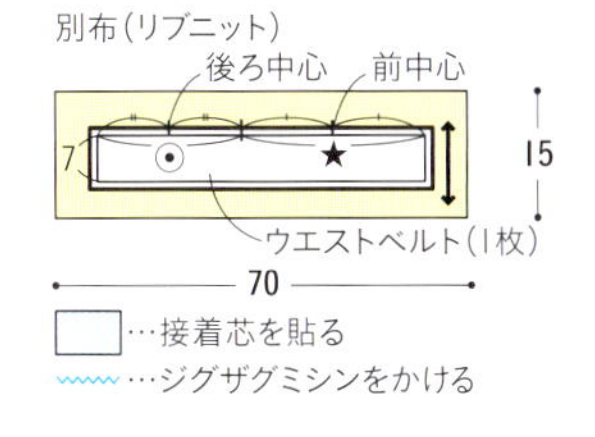

□…接着芯を貼る
〰…ジグザグミシンをかける

★…26(100)／28(110)／30(120)／31(130)／32(140)／34(150)／35(160)
⊙…21(100)／23(110)／24(120)／26(130)／26(140)／27(150)／28(160)
( )はサイズ

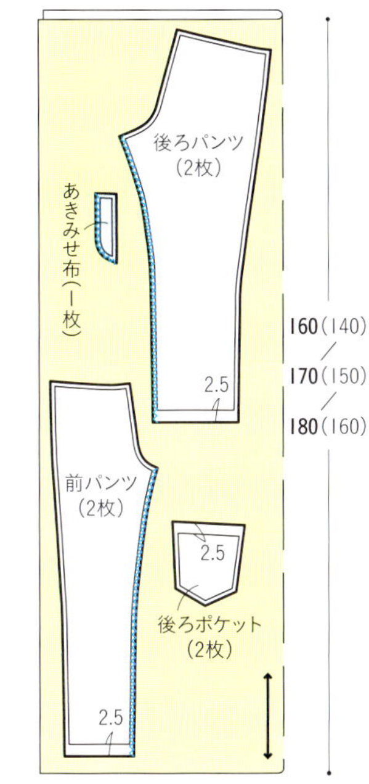

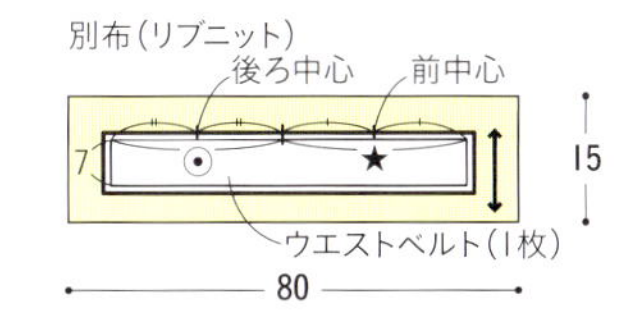

B3 ハーフ

✚写真：16・17page

出来上がりサイズ	ヒップ	パンツ丈
100	62cm	31.5cm
110	66cm	35.5cm
120	70cm	39.5cm
130	74cm	43.5cm
140	77cm	42.5cm
150	81cm	46.5cm
160	85cm	50.5cm

✚材料

表布(ストレッチピケ)＝
118cm幅×
60cm(100) ／60cm(110)
65cm(120) ／65cm(130)
75cm(140) ／80cm(150) ／85cm(160)
リブニット＝
70×15cm(100～130)、
80×15cm(140～160)
接着芯(不織布)＝10×20cm
ゴムテープ(3cm幅)＝
60cm(100～130) ／70cm(140～160)
※子どものウエストサイズによって調節

⑦・⑧・⑩ ② ⑤ ④ ⑨ ⑥ ③ ①

✚裁ち合わせ図

指定外の縫い代はすべて1cm
単位＝cm

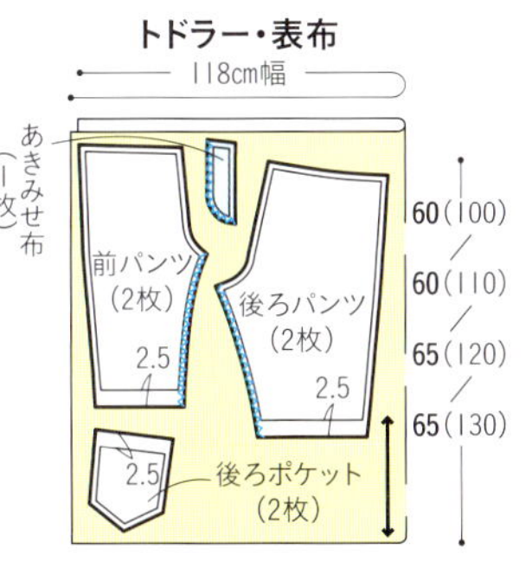

別布(リブニット)
後ろ中心 前中心
7 15
ウエストベルト(1枚)
70

□…接着芯を貼る
〰…ジグザグミシンをかける

ジュニア・表布
118cm幅
2.5 前パンツ(2枚) 後ろポケット(2枚) 2.5 あきみせ布(一枚) 後ろパンツ(2枚) 2.5
75(140)／80(150)／85(160)

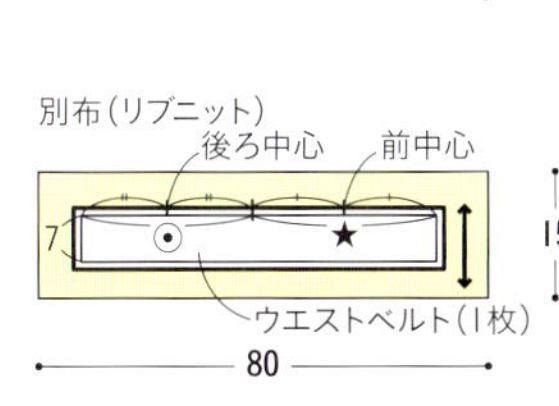
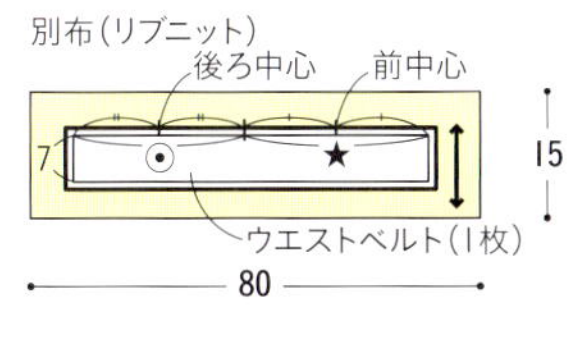

★…26(100)／28(110)／30(120)／31(130)／32(140)／34(150)／35(160)
⊙…21(100)／23(110)／24(120)／26(130)／26(140)／27(150)／28(160)
( )はサイズ

ストレッチパンツ　B1 B2 B3 作り方(共通)

①
後ろパンツにポケットをつける(P49①参照)

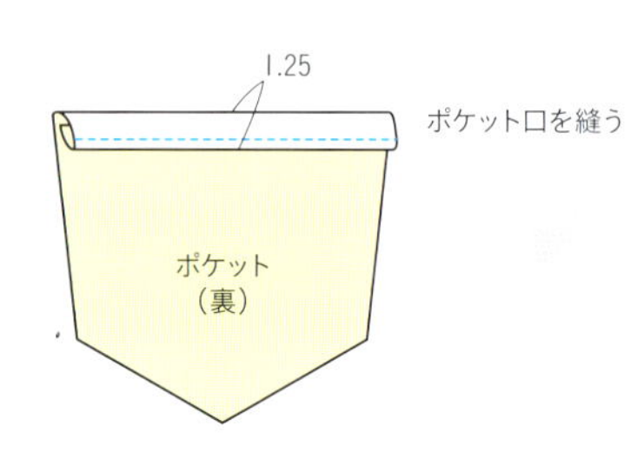

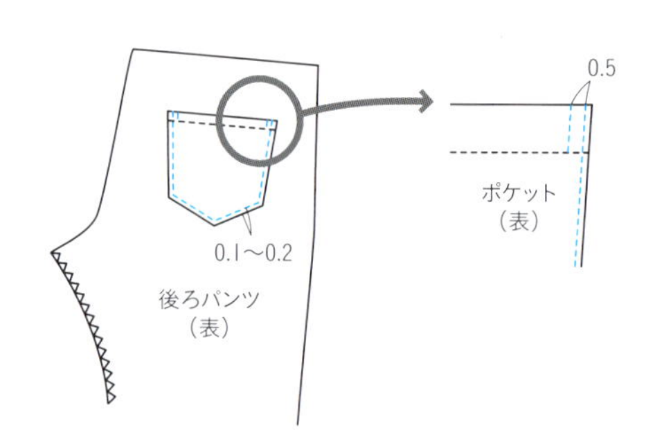

②
前股上にあきみせ布をつけて縫う

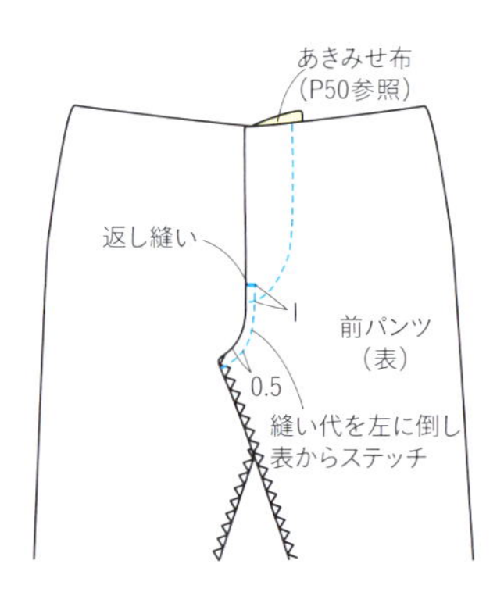

③
後ろ股上を縫う

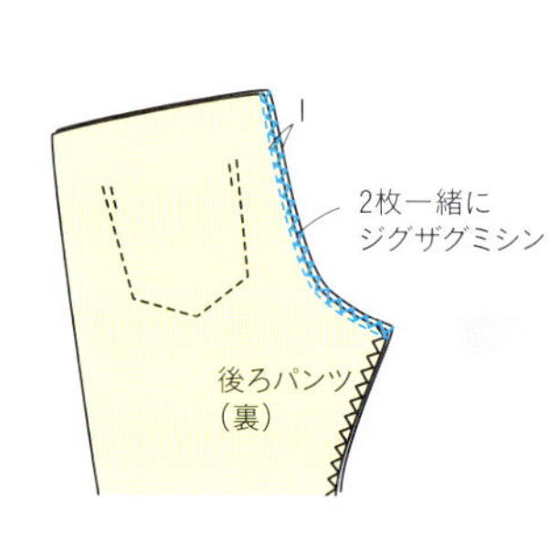

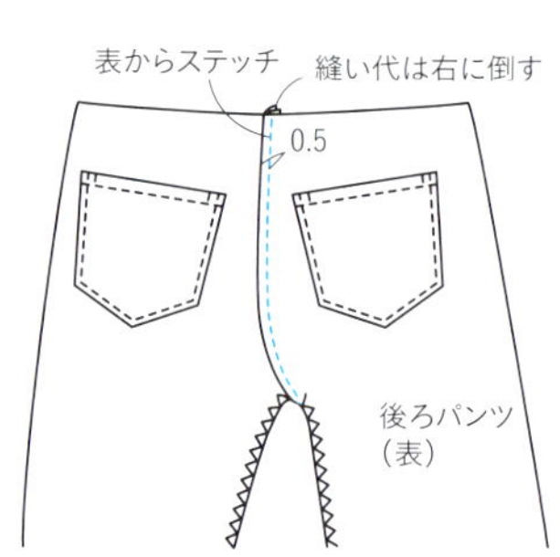

④、⑤
股下を縫い、股割りステッチをかける(P50参照)

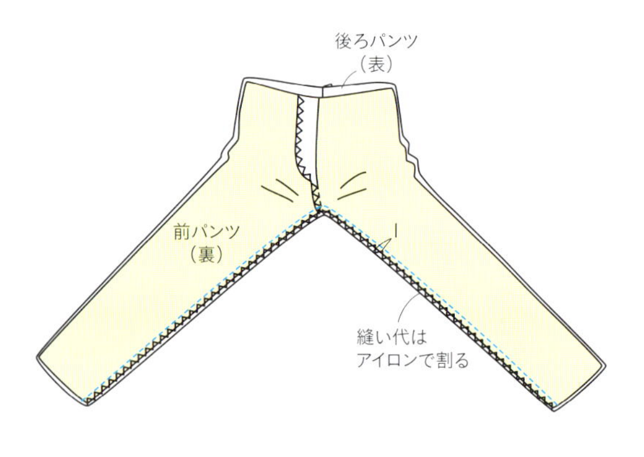

⑥
脇を縫い、表から押さえミシンをかける

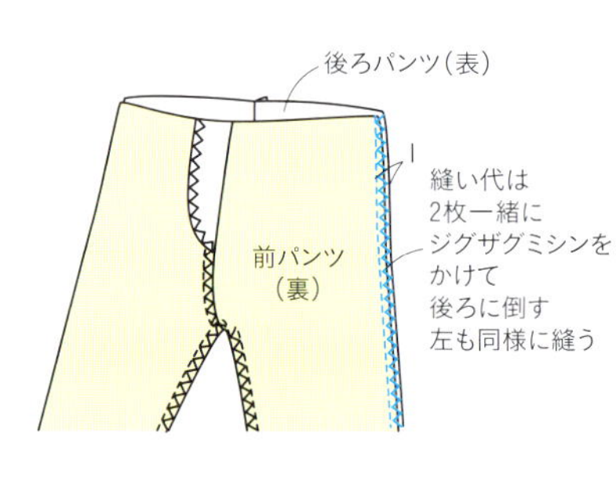

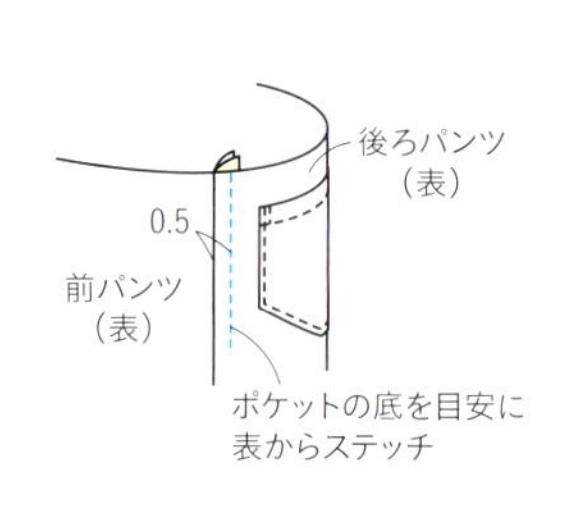

リブニットでベルトを作る

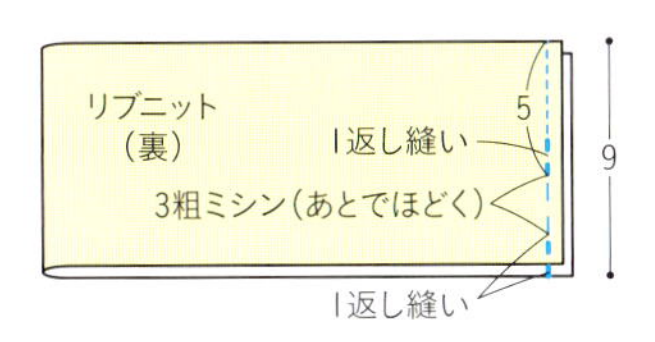

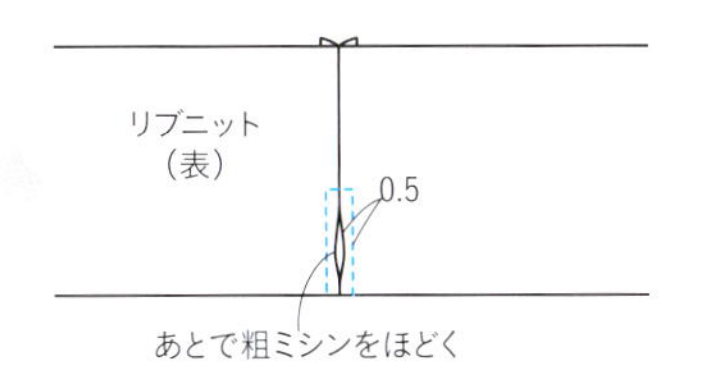

ベルトをつける

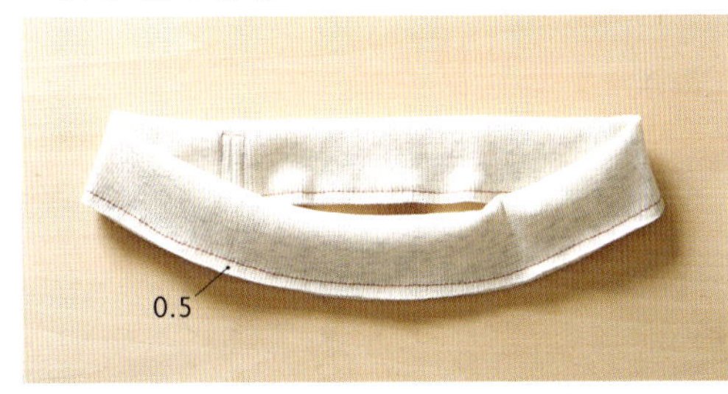

ベルトを外表に二つ折りにし、2枚一緒にミシンをかけておきます。

ベルトとパンツを中表に合わせてまち針でとめます。ベルトの方が短いので、伸ばすようにして印を合わせながらとめます。

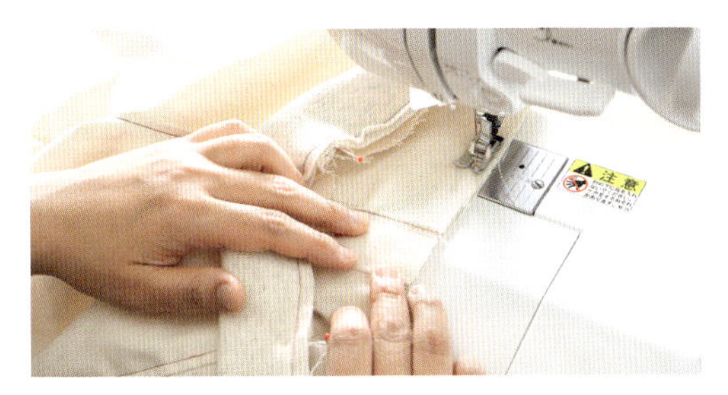

ミシンで縫います。リブニットが下になるように置いてパンツ側からかけると、自然にリブニットが伸びて縫いやすくなります。

縫い代は3枚一緒にジグザグミシンをかけてパンツ側に倒し、表からステッチで押さえます。

リブニットはゴム編みされた編み地のことで、伸縮性があります。通常は輪になって売られていますが、使うときにカットします。ポリウレタン（ゴム糸）が数％入ったものがしっかりしているのでおすすめ。

裾の始末をする（P51参照）

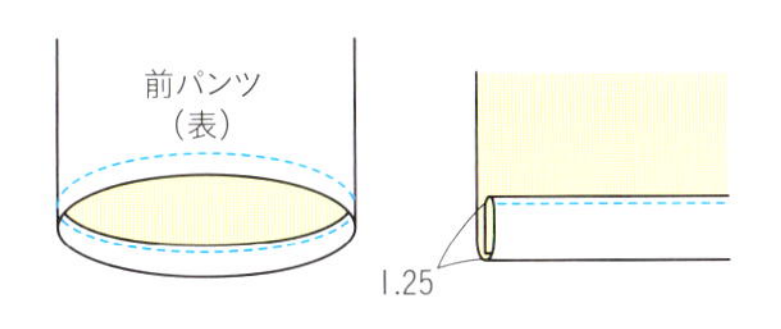

ゴムを通し、端を1cm重ねて縫いとめる（P51参照）

C キュロットパンツ

✚写真：19page

出来上がりサイズ	ヒップ	パンツ丈
100	76cm	23cm
110	80cm	25cm
120	84cm	27cm
130	88cm	29cm
140	94cm	31.5cm
150	98cm	34cm
160	102cm	36.5cm

✚材料

表布(綿麻デニム)＝
110cm幅×70cm(100)／
75cm(110)／80cm(120)／
85cm(130)／90cm(140)／
95cm(150)／100cm(160)
スレキ(ポケット用)＝
50×30cm(100〜130)／
50×35cm(140〜160)
ゴムテープ(3cm幅)＝
60cm(100〜130)／
70cm(140〜160)
※子どものウエストサイズによって調節
伸び止めテープ＝10mm幅を適宜

✚作り方

準備　前パンツのポケット口に伸び止めテープを貼る(P41参照)。股下、裾にジグザグミシンをかける

① ポケットをつけて両脇を縫う(P64参照)
② 前後股上を中表に合わせて縫う
③ 股下を縫い合わせて股割りステッチをかける
④ ウエストを折って縫う
⑤ 裾の始末をする
⑥ ゴムを通し、縫いとめる

✚裁ち合わせ図

指定外の縫い代はすべて1cm
単位＝cm

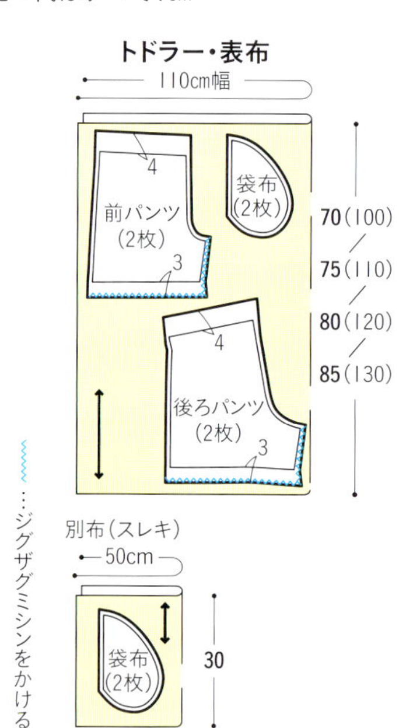

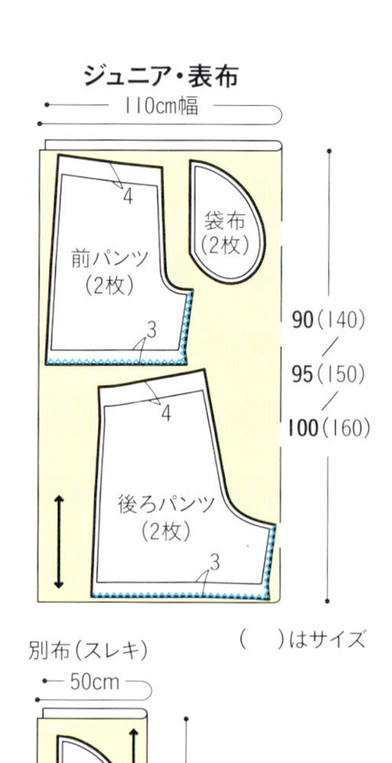

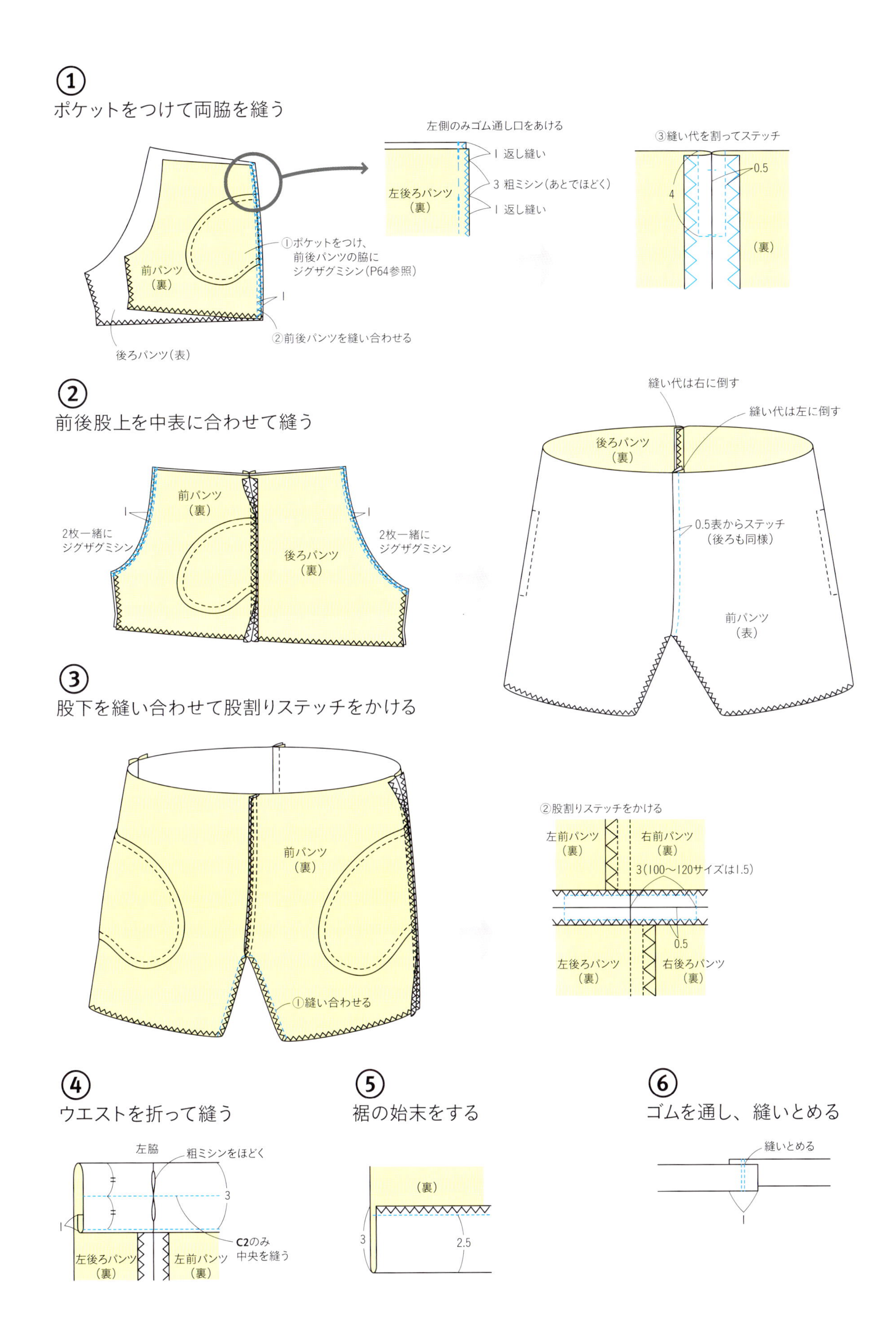

①
ポケットをつけて両脇を縫う
左側のみゴム通し口をあける
1 返し縫い
3 粗ミシン（あとでほどく）
1 返し縫い
左後ろパンツ（裏）
③縫い代を割ってステッチ
0.5
4
（裏）
前パンツ（裏）
①ポケットをつけ、前後パンツの脇にジグザグミシン（P64参照）
1
②前後パンツを縫い合わせる
後ろパンツ（表）
②
前後股上を中表に合わせて縫う
前パンツ（裏）
1
2枚一緒にジグザグミシン
後ろパンツ（裏）
1
2枚一緒にジグザグミシン
縫い代は右に倒す
縫い代は左に倒す
後ろパンツ（裏）
0.5表からステッチ（後ろも同様）
前パンツ（表）
③
股下を縫い合わせて股割りステッチをかける
前パンツ（裏）
①縫い合わせる
②股割りステッチをかける
左前パンツ（裏）
右前パンツ（裏）
3（100～120サイズは1.5）
0.5
左後ろパンツ（裏）
右後ろパンツ（裏）
④
ウエストを折って縫う
左脇
粗ミシンをほどく
3
1
C2のみ中央を縫う
左後ろパンツ（裏）
左前パンツ（裏）
⑤
裾の始末をする
（裏）
3
2.5
⑥
ゴムを通し、縫いとめる
縫いとめる
1

キュロットパンツ

C2 フリルつき

✚写真：21page

出来上がりサイズ	ヒップ	パンツ丈
100	76cm	26cm
110	80cm	28.5cm
120	84cm	31cm
130	88cm	34.5cm
140	94cm	35cm
150	98cm	38.5cm
160	102cm	42cm

✚材料

表布(カラーリネン)＝110cm幅×130cm(100)／135cm(110)／140cm(120)／145cm(130)
(水玉コーデュロイ)＝110cm幅×140cm(140)／145cm(150)／150cm(160)
ゴムテープ(7mm幅)＝60cm(100〜130)／70cm(140〜160)を各2本
※子どものウエストサイズによって調節

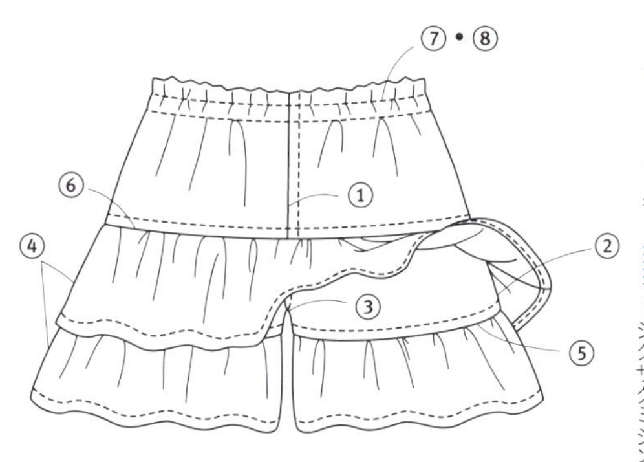

✚作り方

準備 上下パンツの脇、股下、上下フリル脇にジグザグミシンをかける。

① 上下、前後パンツの股上を縫い合わせる
② 上下パンツの脇を縫い合わせる
③ 下パンツの股下を縫い合わせ、股割りステッチをかける(P61参照)
④ 上下フリルを作る
⑤ 下パンツと下フリルを縫い合わせる
⑥ 上パンツと上フリルを縫い合わせ、下パンツを合わせて縫う
⑦ ウエストを折って縫う(P61参照)
⑧ ゴムを2本通し、縫いとめる(P61参照)

〰…ジグザグミシンをかける

✚裁ち合わせ図

指定外の縫い代はすべて1cm
単位＝cm

トドラー・表布
110cm幅
4 上前パンツ(2枚)
4 上後ろパンツ(2枚)
下前パンツ(2枚)
下後ろパンツ(2枚)
上フリル前(1枚) わ ⊙ ♥
上フリル後ろ(1枚) わ ◆ ♥
(前) ▲ 下フリル ★ (後ろ)♥
(前) ▲ 下フリル ★ (後ろ)♥
25
130(100)／135(110)／140(120)／145(130)

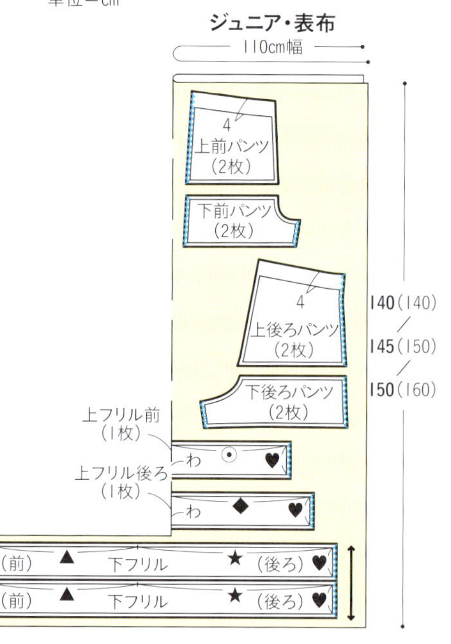

⊙…28(100)／29(110)／30(120)／31(130)／32.5(140)／33.5(150)／34.5(160)
◆…30(100)／31(110)／32(120)／33(130)／39(140)／40(150)／41(160)
▲…34(100)／35(110)／36(120)／37(130)／40(140)／41(150)／42(160)
★…40(100)／41(110)／42(120)／43(130)／53(140)／54(150)／55(160)
♥…8(100)／8.5(110)／9(120)／9.5(130)／10.5(140)／11.5(150)／12.5(160)
( )はサイズ

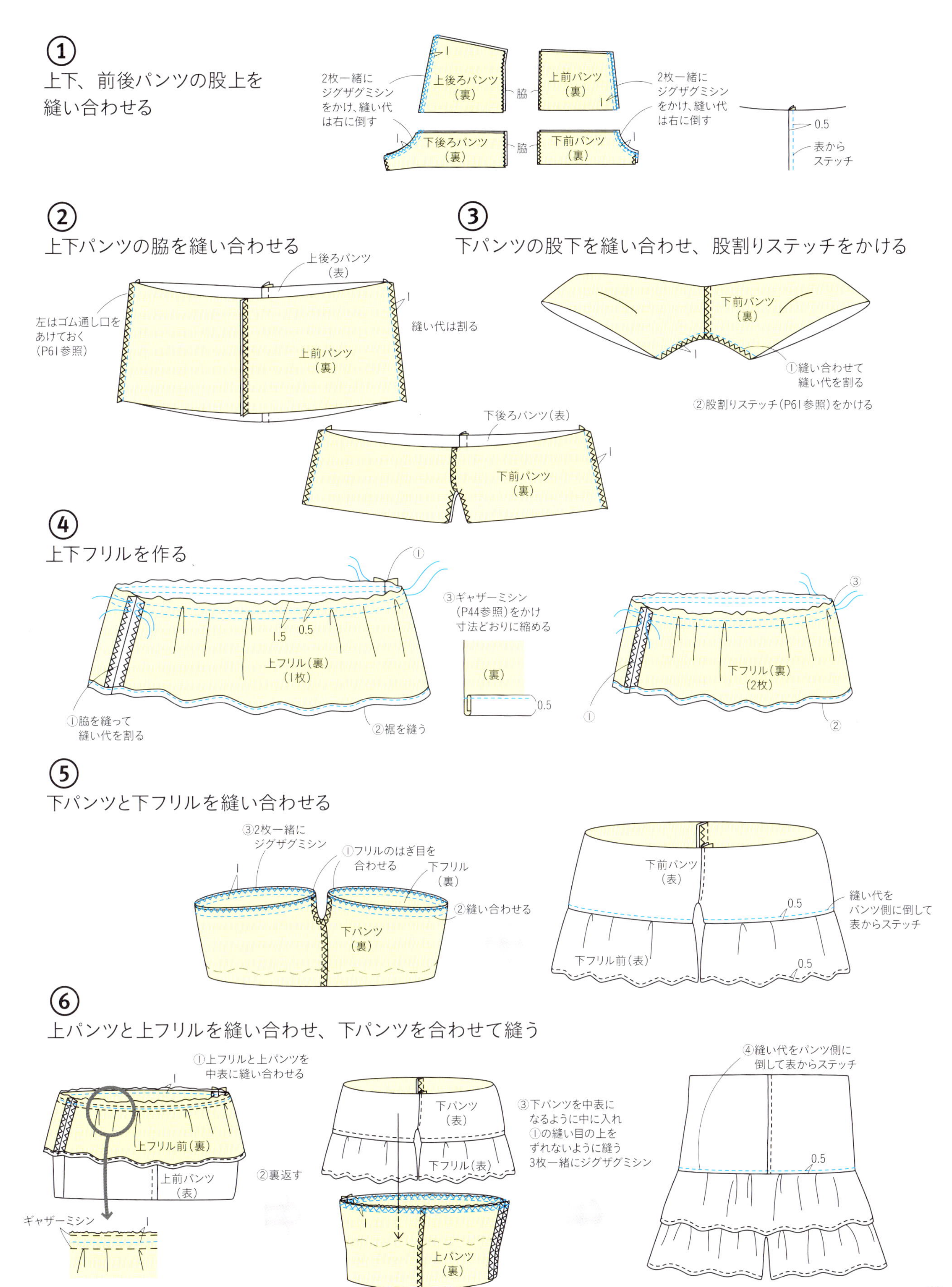

①
上下、前後パンツの股上を
縫い合わせる
2枚一緒に
ジグザグミシン
をかけ、縫い代
は右に倒す
上後ろパンツ
（裏）
脇
上前パンツ
（裏）
2枚一緒に
ジグザグミシン
をかけ、縫い代
は右に倒す
1
下後ろパンツ
（裏）
脇
下前パンツ
（裏）
0.5
表から
ステッチ
②
上下パンツの脇を縫い合わせる
上後ろパンツ
（表）
左はゴム通し口を
あけておく
（P61参照）
縫い代は割る
上前パンツ
（裏）
下後ろパンツ（表）
下前パンツ
（裏）
③
下パンツの股下を縫い合わせ、股割りステッチをかける
下前パンツ
（裏）
①縫い合わせて
縫い代を割る
②股割りステッチ（P61参照）をかける
④
上下フリルを作る
③ギャザーミシン
（P44参照）をかけ
寸法どおりに縮める
1.5
0.5
上フリル（裏）
（1枚）
（裏）
0.5
下フリル（裏）
（2枚）
①脇を縫って
縫い代を割る
②裾を縫う
⑤
下パンツと下フリルを縫い合わせる
③2枚一緒に
ジグザグミシン
①フリルのはぎ目を
合わせる
下フリル
（裏）
②縫い合わせる
下パンツ
（裏）
下前パンツ
（表）
縫い代を
パンツ側に倒して
表からステッチ
下フリル前（表）
0.5
⑥
上パンツと上フリルを縫い合わせ、下パンツを合わせて縫う
①上フリルと上パンツを
中表に縫い合わせる
上フリル前（裏）
上前パンツ
（表）
②裏返す
ギャザーミシン
下パンツ
（表）
下フリル（表）
③下パンツを中表に
なるように中に入れ
①の縫い目の上を
ずれないように縫う
3枚一緒にジグザグミシン
上パンツ
（裏）
④縫い代をパンツ側に
倒して表からステッチ
0.5

縫い目利用のポケット

このポケットは、C1キュロットパンツ（フリルなし）、D1・D2シンプルなワンピースにつけることができます。不要な場合はこの工程を無視して、脇を縫い合わせてください。片方だけつける場合は利き手側にするとよいでしょう。

★説明は右側です

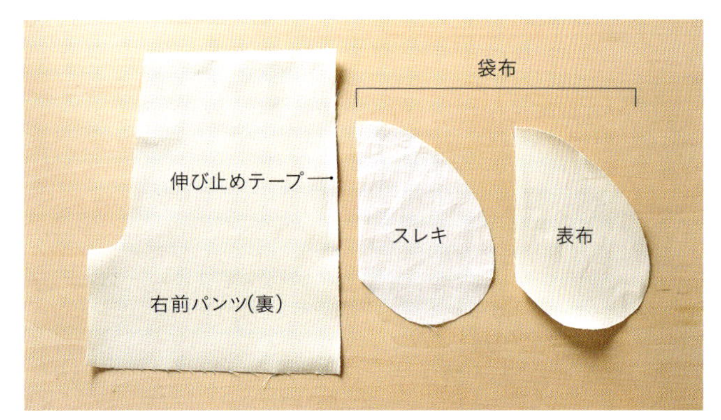

前パンツのポケット口に伸び止めテープを貼ります。袋布は手を入れたとき甲側がスレキ、手のひら側は表布で裁ちます。

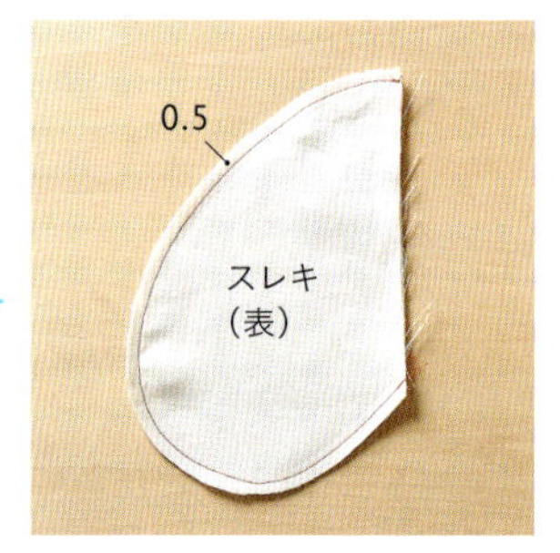

袋布を縫います。外表に重ねて周囲を縫います。

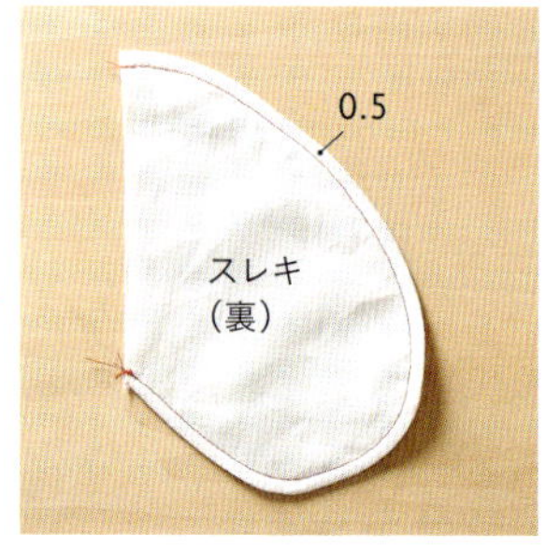

裏に返して周囲を縫います。

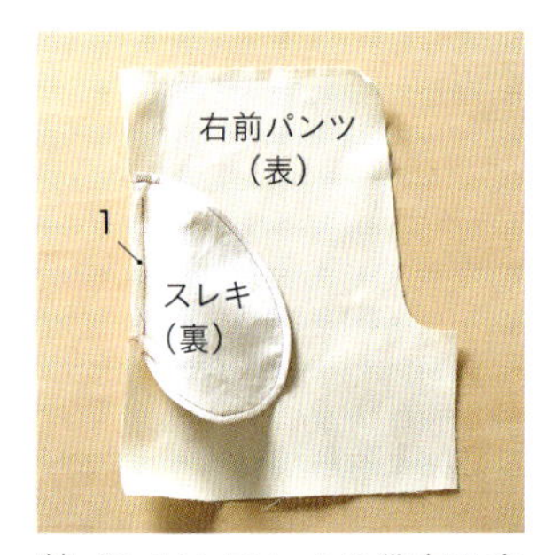

前パンツとスレキの袋布を中表に合わせて縫い合わせます。表布の袋布は縫わないようによけておきます。

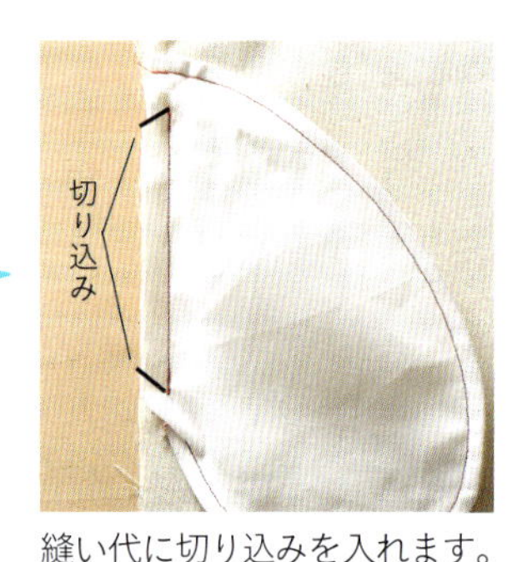

縫い代に切り込みを入れます。

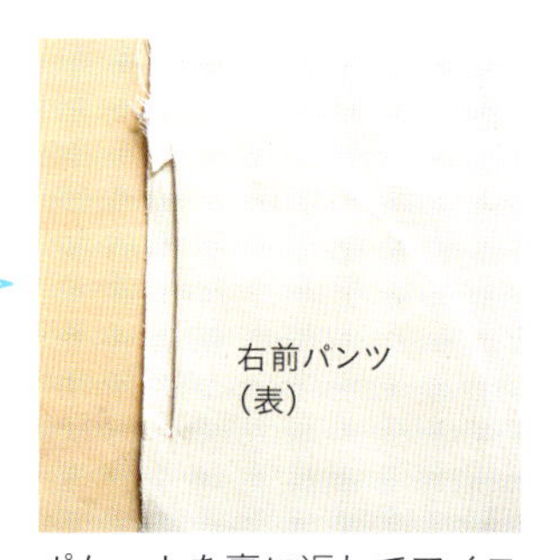

ポケットを裏に返してアイロンで整えます。

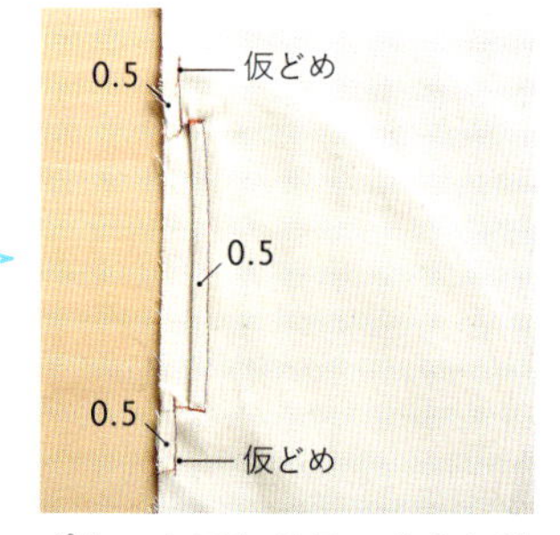

ポケット口にステッチをかけます。前パンツとスレキだけにかけ、表布の袋布を縫わないようにします。縫い代にミシンで仮どめをします。

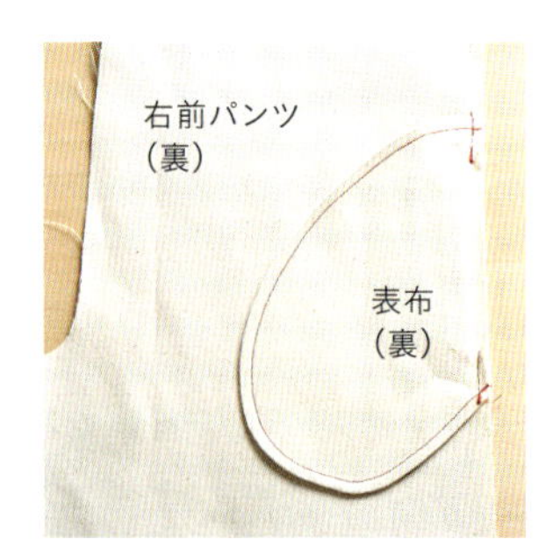

後ろから見たところ。

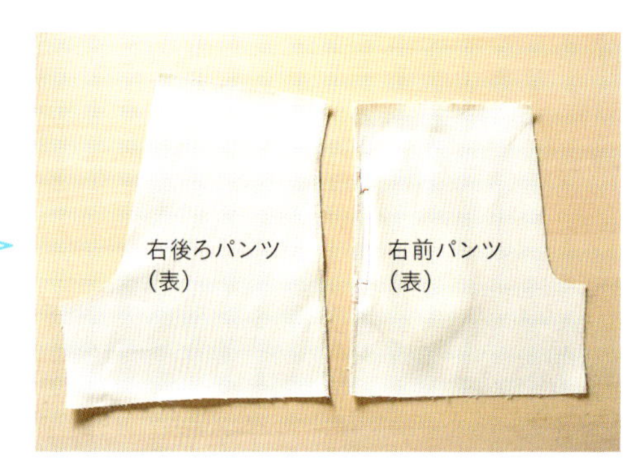

前パンツと後ろパンツの脇にジグザグミシンをかけます。

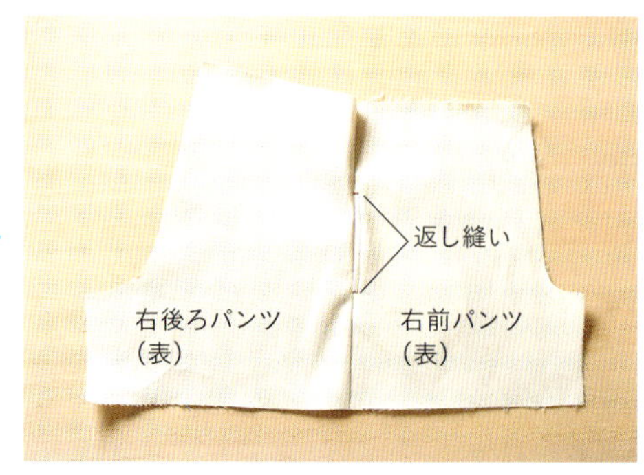

前後パンツを中表に合わせて縫い合わせます。ポケット口を縫い込んでしまわないように注意。縫い代を後ろパンツ側に倒して、表布の袋布まで貫通させて返し縫いをします。

パンツの布選び

ボトムにする布は丈夫なものが一番です。
子どもは動きが激しく、洗濯も大変。ガンガン洗っても
大丈夫な布を選んであげましょう。透けないこともポイントです。

9page

12page

ツイル
織り目が斜めに現れた、綾織りといわれる布。平織りに比べて伸縮性があり、シワになりにくいので、チノパンなどによく使われます。裁ち端がほつれやすいので気をつけて。

15page

17page

17page

ストレッチ生地
ポリウレタン糸などを混ぜ、伸縮性をもたせた織物。ゆとり分が少なくても動きをさまたげないので、スリムなシルエットにできます。ミシン糸はニット用を使用してください。

9page

リネン帆布
バッグなどに使う帆布は、丈夫さでは一番。厚手で布が重なった部分などは少し縫いづらいので、中級者向きの素材といえます。洗いざらすとこなれた雰囲気になるのが魅力。

21page

コーデュロイ
秋冬に定番のコーデュロイ(コール天)。素材はコットンですが、表面を起毛してあるので保温性があります。ギャザーを寄せるならシャツコールといわれる薄手のものを。

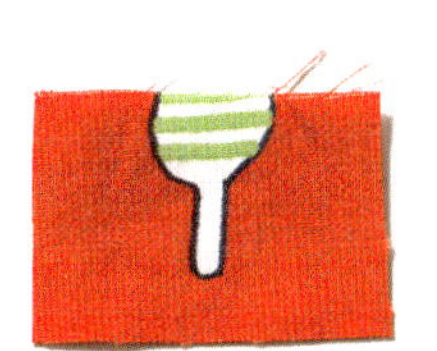
12page

普通地のコットン
服地では最も種類の多い中厚のコットンプリント。縫いやすく初心者にはおすすめの素材です。ボトムにしては少々薄手ですが、夏の涼しげなパンツになります。

19page

綿麻デニム
どんなトップスにも合う、ボトムの代表格のデニム。綿麻素材はコットンの肌触りのよさと、麻の雰囲気のよさを合わせ持つ素材。厚すぎないものを選んでください。

21page

リネン
適度な厚みで縫いやすく、色数も豊富に揃うカラーリネンは、手作り派の強い味方です。シワができやすい素材ですが、それもまたいい表情になるのがうれしいところです。

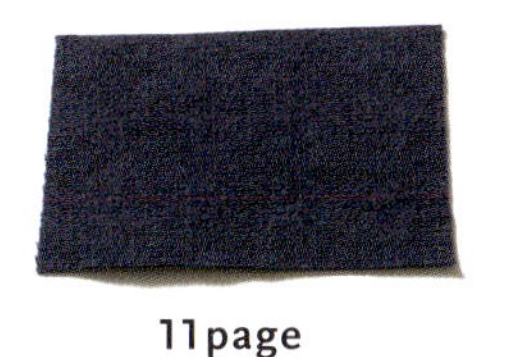
11page

11page

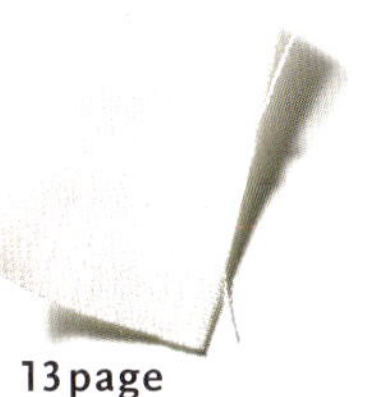
13page

平織りのコットン
目がつまったやや厚手のコットン。平織りの生地は布目を整えやすく、きれいに仕立てることができます。綾織りに比べて裁ち端がほつれにくいのもメリット。

D

シンプルなワンピース

出来上がりサイズ	バスト	着丈
100	58.5cm	55cm
110	62.5cm	60cm
120	66.5cm	65cm
130	70.5cm	70cm
140	84cm	92.5cm
150	90cm	98.5cm
160	96cm	104.5cm

✚材料

表布(カラーリネン、
コットンプリント)＝110cm幅×
155cm(100)／160cm(110)／
165cm(120)／170cm(130)
(コットンシャンブレー)＝110cm幅×
230cm(140)／240cm(150)／
250cm(160)
コンシールファスナー＝
52cm×1本(100〜130)／
56cm×1本(140〜160)
接着芯(トリコット)＝40×40cm
伸び止めテープ＝15mm幅を適宜
スプリングホック＝1組

✚作り方

準備　襟ぐり見返しに接着芯を貼り端にジグザグミシンをかける。裾にジグザグミシンをかける。後ろ身頃と後ろスカートのコンシールファスナー部分に伸び止めテープを貼る。

① 前後スカートのタックをたたみ、仮どめミシンをかける(またはギャザーを寄せる→P44参照)
② 140〜160サイズは身頃のウエストダーツを縫う
③ 前後身頃とスカートを縫い合わせる
④ 前後脇、後ろ中心にジグザグミシンをかける
⑤ 後ろ中心にコンシールファスナーをつける(P69参照)
⑥ 身頃の肩を縫い合わせる
⑦ 見返しの肩を縫い合わせる
⑧ 襟ぐりに見返しをつける
⑨ 袖ぐりをバイアス布で始末する
⑩ 脇を縫い合わせる
⑪ 裾を始末する(P68)
⑫ スプリングホックをつける(P45参照)

✚裁ち合わせ図

指定外の縫い代はすべて1cm
単位＝cm

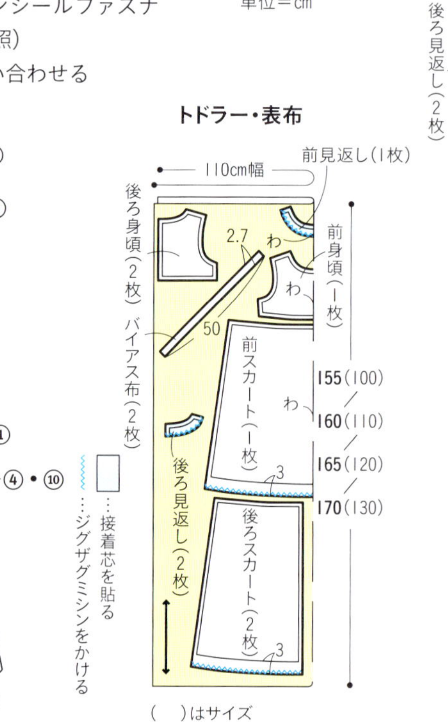

① 前後スカートのタックをたたみ、仮どめミシンをかける(またはギャザーを寄せる→P44参照)

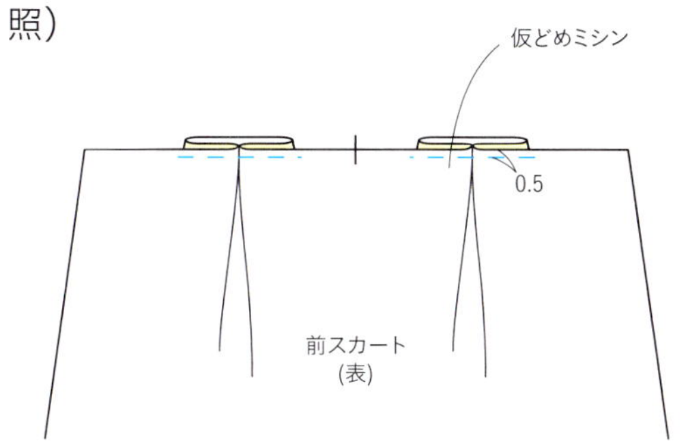

② 140〜160サイズは身頃のウエストダーツを縫う

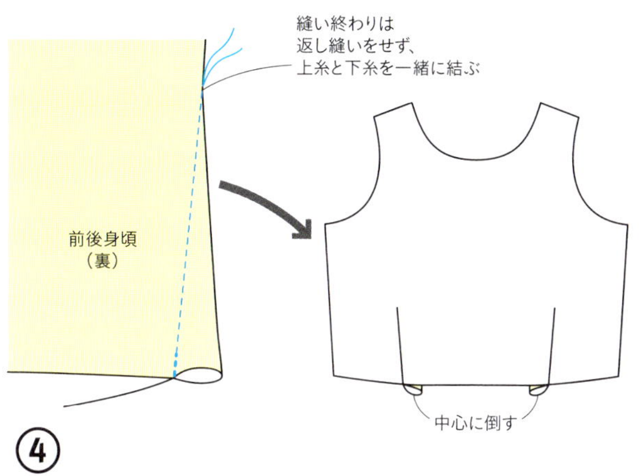

③ 前後身頃とスカートを縫い合わせる

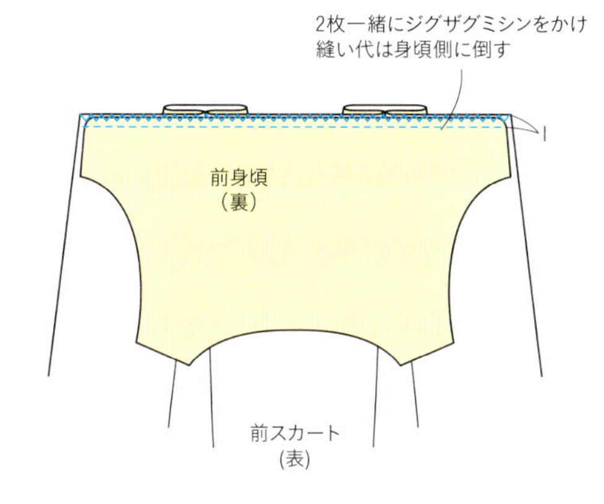

④ 前後脇、後ろ中心にジグザグミシンをかける

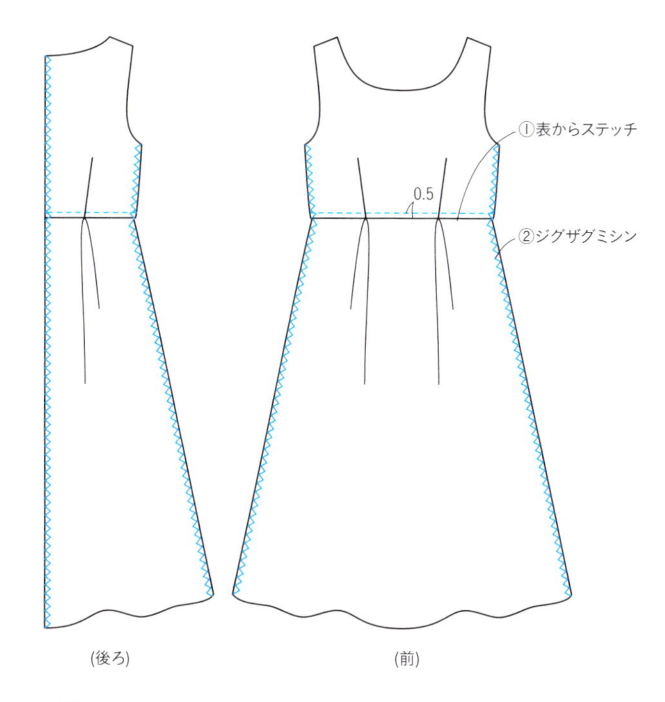

⑤ 後ろ中心にコンシールファスナーをつける(P69参照)

⑥ 身頃の肩を縫い合わせる

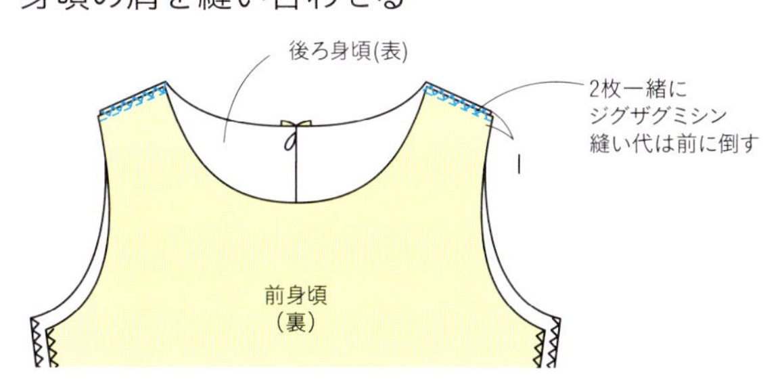

⑦ 見返しの肩を縫い合わせる

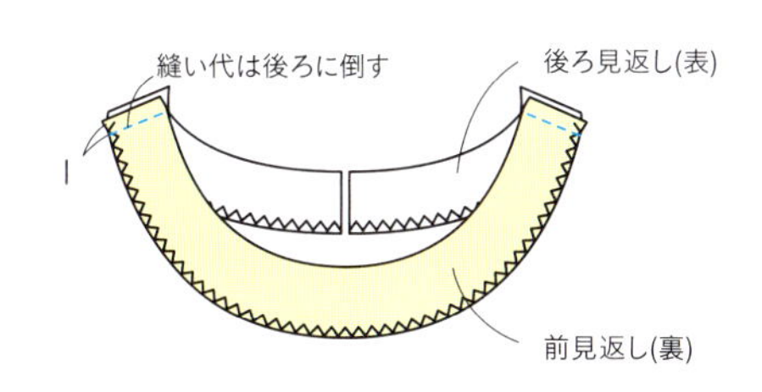

D

⑧ 襟ぐりに見返しをつける

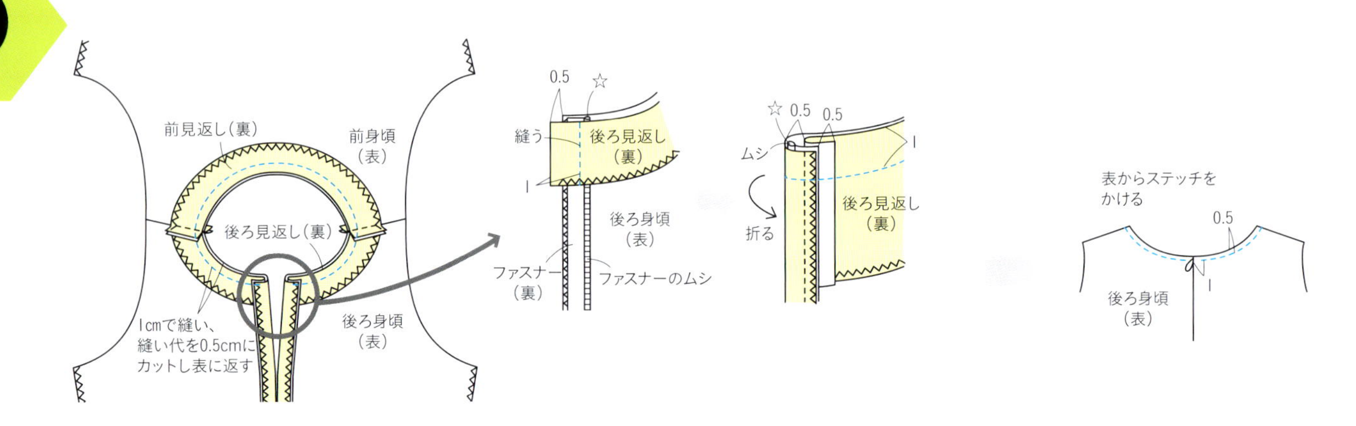

⑨ 袖ぐりをバイアス布で始末する

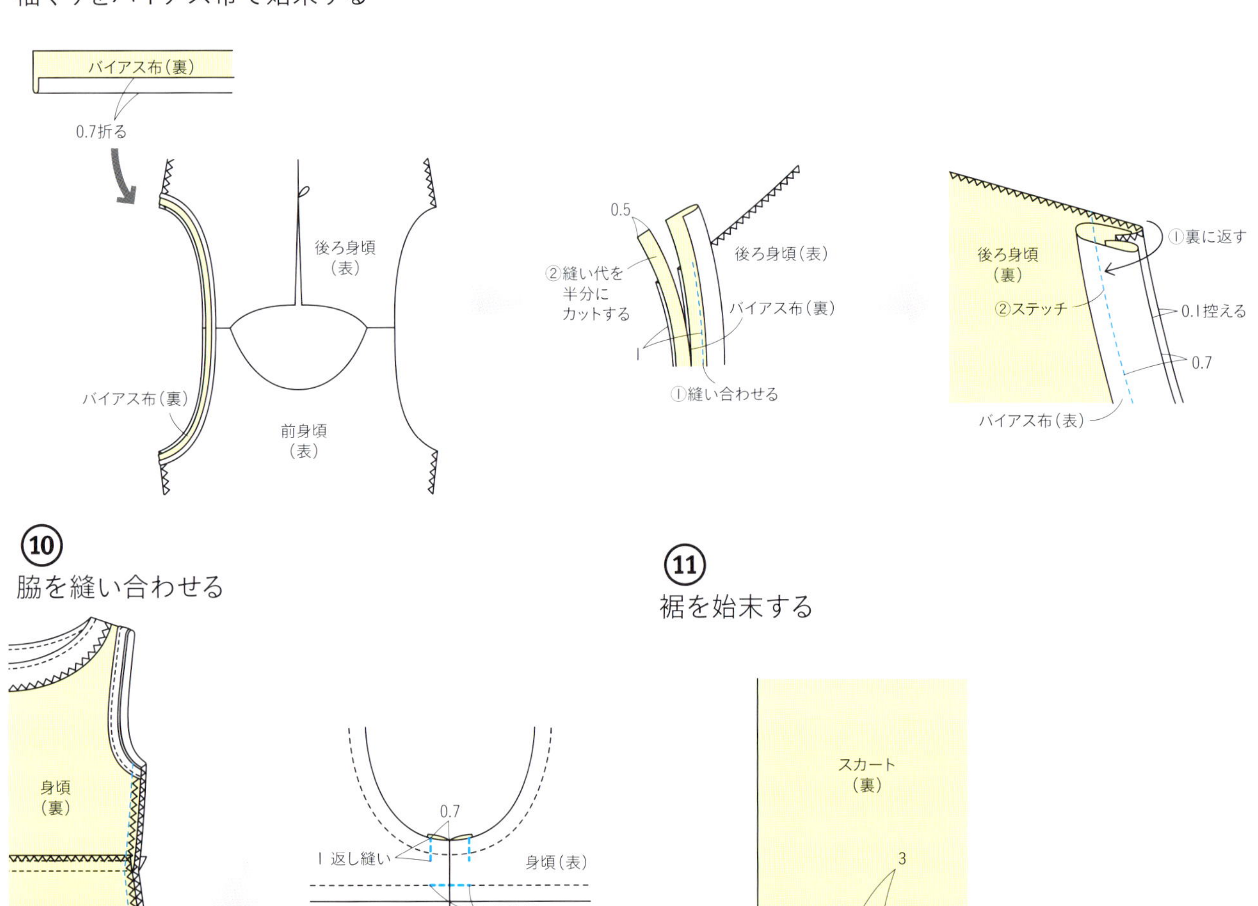

⑩ 脇を縫い合わせる

⑪ 裾を始末する

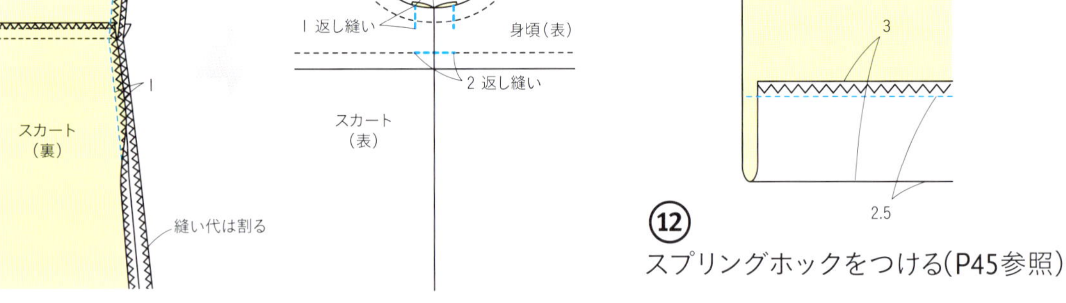

⑫ スプリングホックをつける(P45参照)

コンシールファスナーのつけ方

D1・D2のシンプルなワンピースにつけます。
ここではわかりやすいように20cmのファスナーを使っていますが、
実際に作るときには指定の長さのファスナーを使ってください。

★縫う前に…

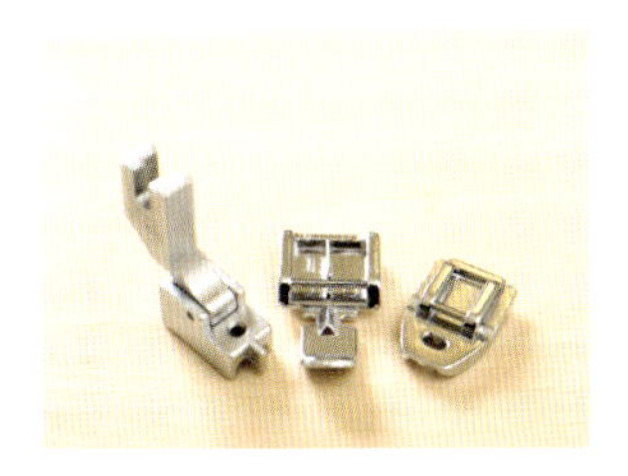

コンシールファスナー用の押え金を用意します。ミシンの付属品または別売品の場合があります。

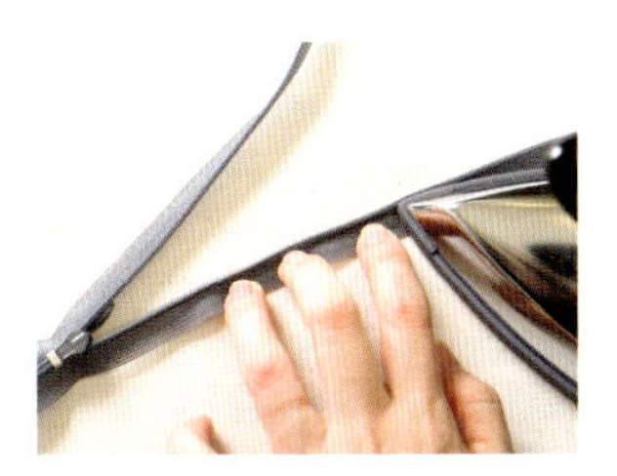

アイロンをかけてムシ(レールの部分)を起こします。こうすればムシのきわまでミシンがかけられて仕上がりがきれいです。

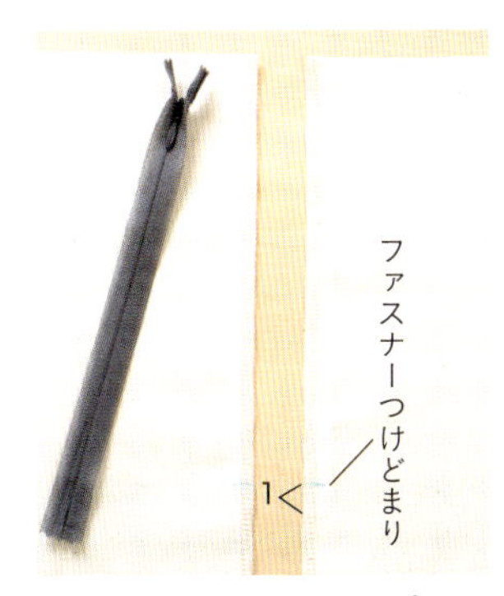

縫い代に伸び止めテープを貼り、ジグザグミシンをかけます。伸び止めテープはファスナーつけどまりの1cm下まで貼ります。

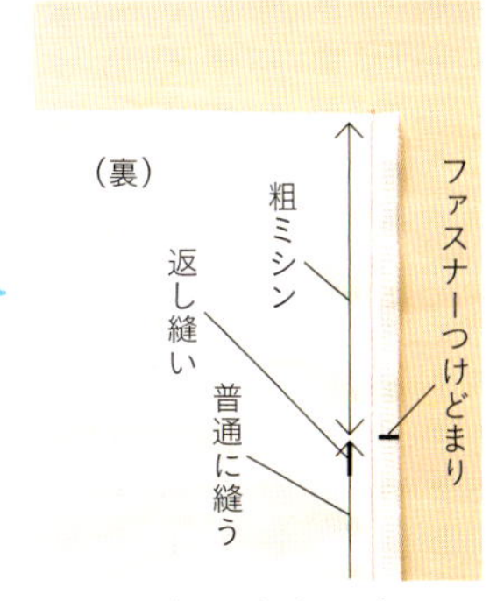

つける布を中表に合わせて、ファスナーつけどまりまで縫います。つけどまりから上は0.3cm以上の大きい目で粗ミシンをかけます。

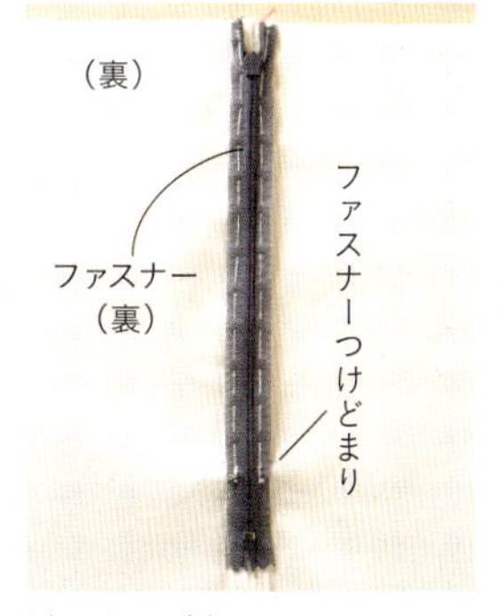

縫い代を割り、ファスナーを中心に合わせてのせ、しつけ糸でファスナーつけどまりまで固定します。縫い代だけにつけること。

粗ミシンを目打ちなどではどきます。

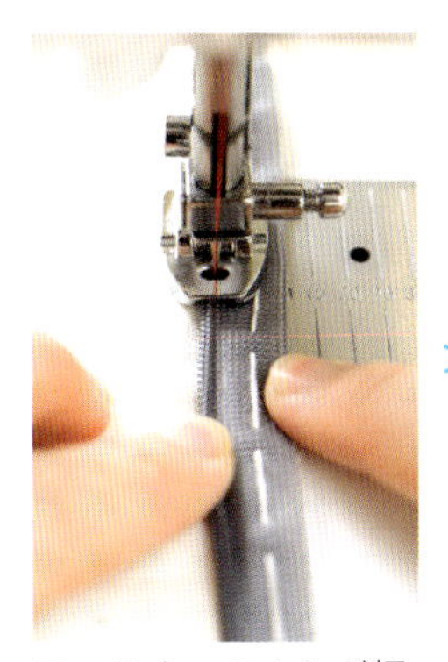

ファスナーのムシが押えの溝にはまるようにセットし、つけどまりまで縫います。

同様にもう一方も縫います。

スライダーを動かして、きちんと閉まるか確認します。

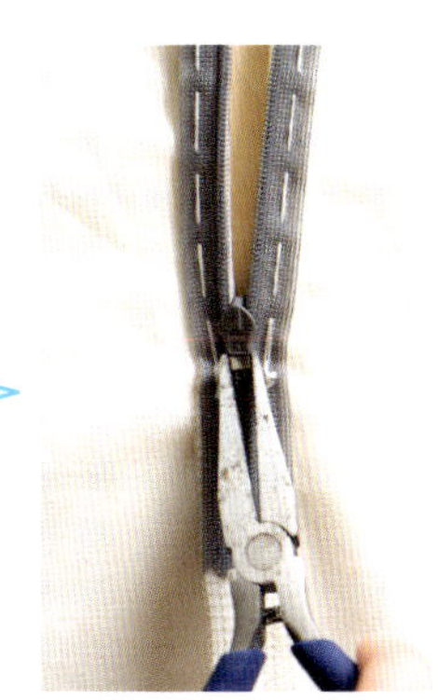

つけどまりの位置に金具(下止め)を動かし、ペンチで金具を締めます。

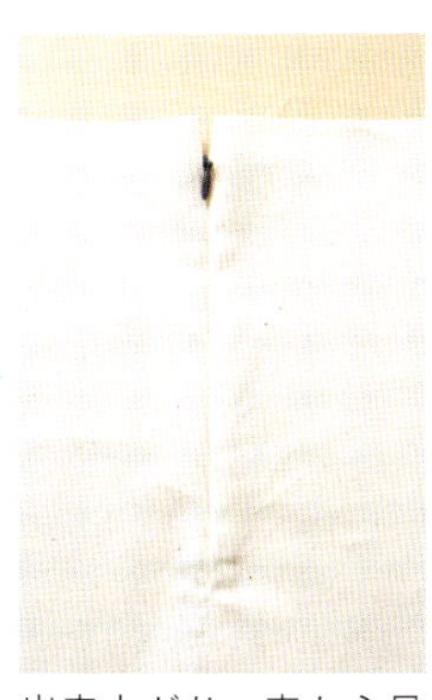

出来上がり。表から見ると合わせ目が見えるだけで、すっきりときれい。

D

シンプルなワンピース

D2 キャップスリーブ

✚写真：26・27page

出来上がりサイズ	バスト	着丈
100	58.5cm	55cm
110	62.5cm	60cm
120	66.5cm	65cm
130	70.5cm	70cm
140	84cm	92.5cm
150	90cm	98.5cm
160	96cm	104.5cm

✚**材料**

表布（カラーリネン）＝110cm幅×155cm（100）／160cm（110）／165cm（120）／170cm（130）
（コットンプリント）＝110cm幅×230cm（140）／240cm（150）／250cm（160）
コンシールファスナー＝52cm×1本（100〜130）／56cm×1本（140〜160）
接着芯（トリコット）＝40×40cm
伸び止めテープ＝15mm幅を適宜
スプリングホック＝1組

✚**作り方**

準備　襟ぐり見返しに接着芯を貼り、端にジグザグミシンをかける。裾にジグザグミシンをかける。後ろ身頃と後ろスカートのコンシールファスナー部分に伸び止めテープを貼る。

① 前後スカートにギャザーを寄せる（P44参照）。またはタックをたたみ、仮どめミシンをかける（P67参照）
② 140〜160サイズは身頃のウエストダーツを縫う
③ 前後身頃とスカートを縫い合わせる
④ 前後脇、後ろ中心にジグザグミシンをかける
⑤ 後ろ中心にコンシールファスナーをつける（P69参照）
⑥ 身頃の肩を縫い合わせる
⑦ 見返しの肩を縫い合わせる
⑧ 襟ぐりに見返しをつける
⑨ 袖を作り、袖ぐりをバイアス布で始末する
⑩ 脇を縫い合わせる
⑪ 裾を始末する（P68参照）
⑫ スプリングホックをつける（P45参照）

✚裁ち合わせ図

指定外の縫い代はすべて1cm

単位＝cm

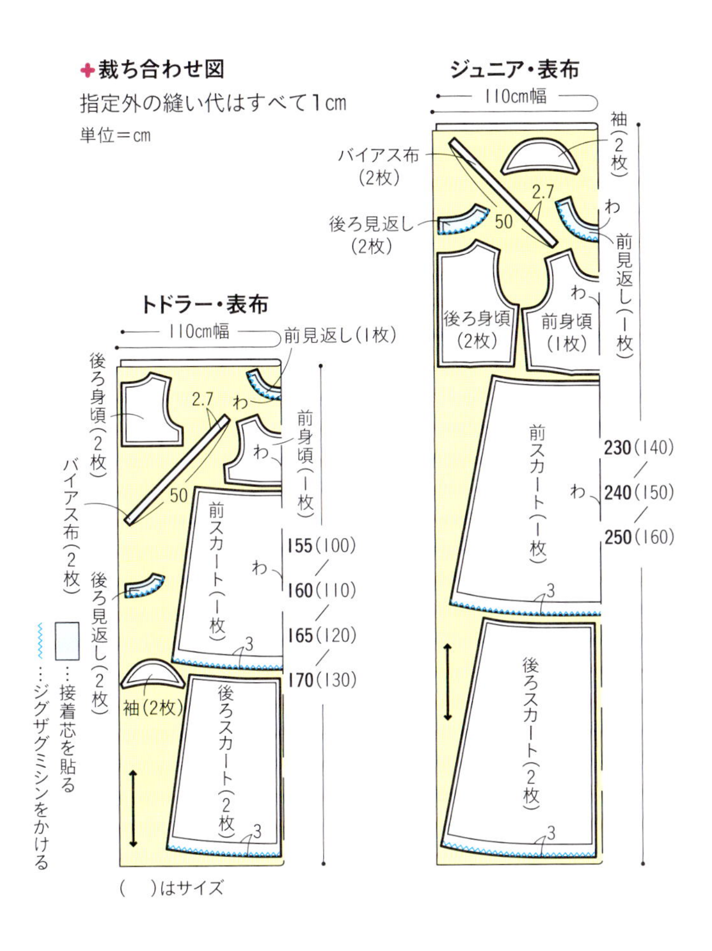

※⑨以外の作り方はP66のノースリーブのワンピースと同じです

⑨

袖を作り、袖ぐりをバイアス布で始末する

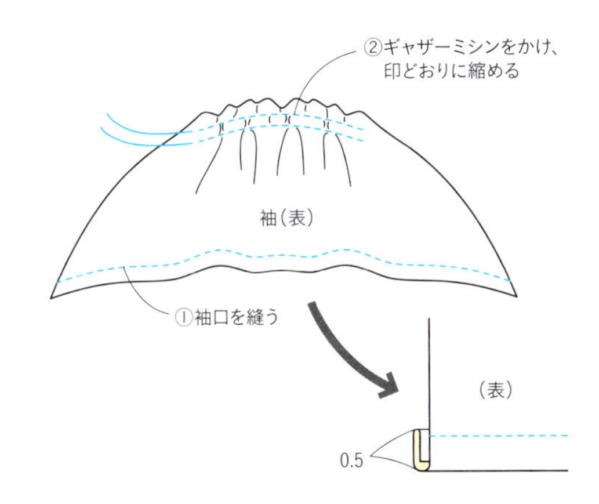

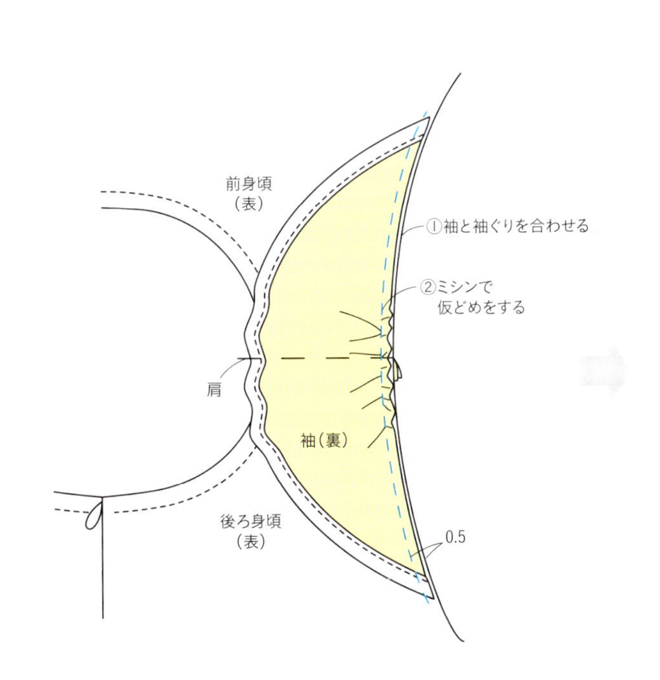

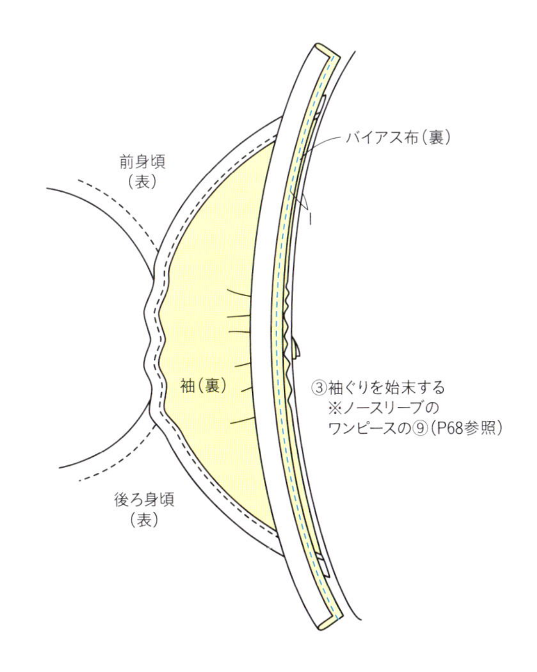

シャツワンピース

E1 パフスリーブ

✚写真：29・30・31page

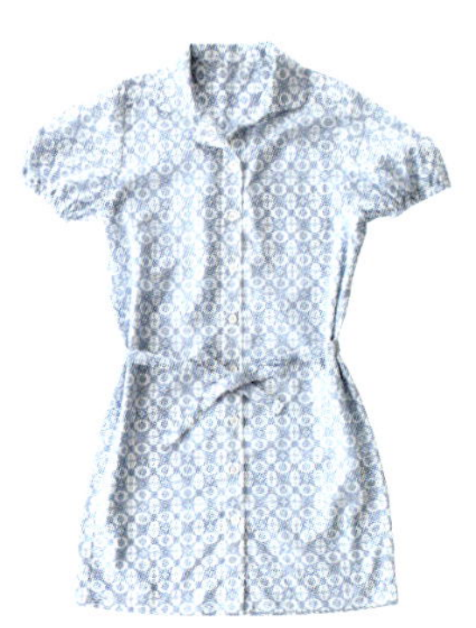

出来上がりサイズ	バスト	着丈
100	73cm	57cm
110	77cm	62cm
120	81cm	67cm
130	85cm	72cm
140	93.5cm	76cm
150	99.5cm	82cm
160	105.5cm	88cm

✚材料

表布(ギンガムチェックのローン)
＝145cm幅×
120cm(100)／125cm(110)／
130cm(120)／135cm(130)
(プリントのローン)＝135cm幅×
145cm(140)／155cm(150)／
165cm(160)
接着芯(トリコット)＝100cm幅×30cm
ゴムテープ(7mm幅)＝
25cm(100〜130)、
30cm(140〜160)を各2本
※子どものサイズによって調節
ボタン＝直径1.3cm×
7個(100〜130)／9個(140〜160)

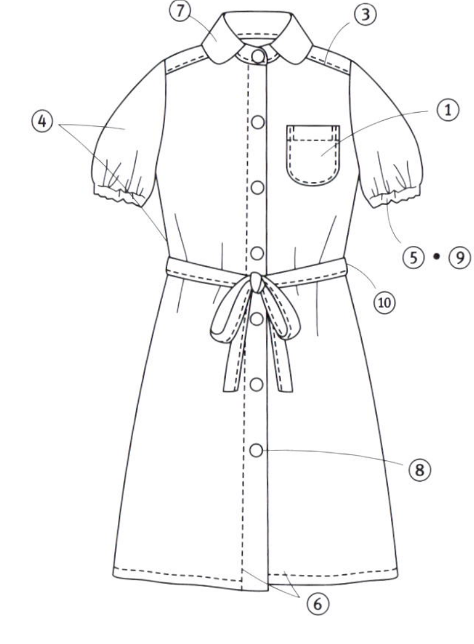

✚作り方

準備　前立てと裏襟に接着芯を貼っておく

① 胸ポケットをつける
② 肩ヨークをつける
③ 肩を縫う
④ 袖をつけ、袖下と脇を縫う
⑤ カフスをつける
⑥ 前立てと裾を縫う
⑦ 襟を作り、つける
⑧ ボタンホールを開け、ボタンをつける
⑨ 袖口にゴムを通す
⑩ リボンを作り、糸ループをつける

✚裁ち合わせ図

指定外の縫い代はすべて1cm

単位＝cm

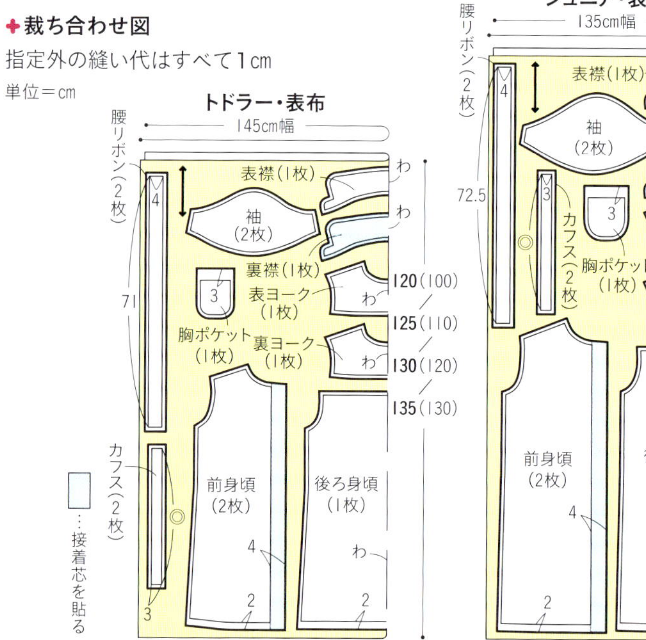

◎…34(100)／35.5(110)／37(120)／38.5(130)／40(140)／42(150)／44(160)
(　)はサイズ

①
胸ポケットをつける

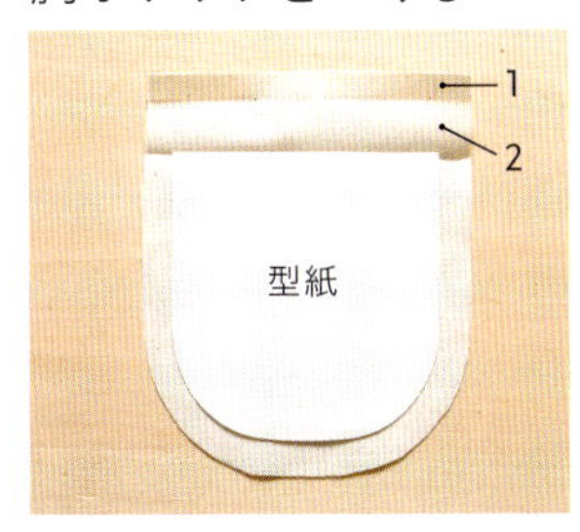

丸みをきれいに作るために、ボール紙で型紙を作ります。実物大型紙を写しとり、縫い代をつけずにカットします。

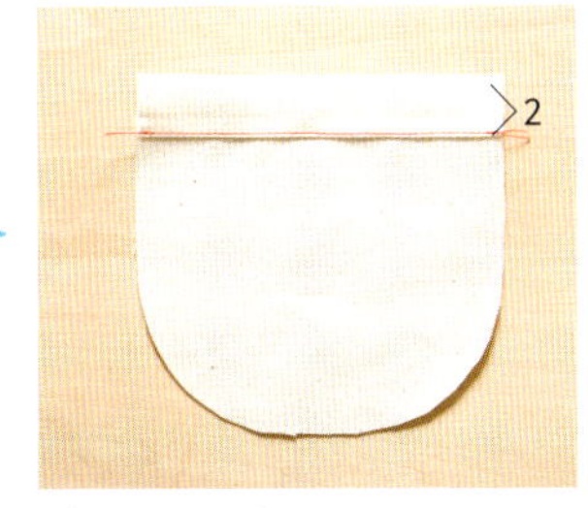

ポケット口を1cm→2cmの三つ折りにして縫います。

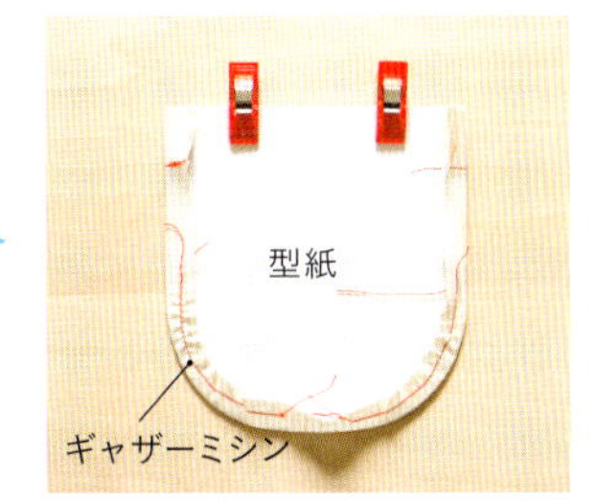

丸みの縫い代部分に粗い目でミシンをかけ、型紙を重ねます（ずれないようにクリップでとめておくとよい）。糸を引いてギャザーを寄せ、アイロンをかけて形を整えます。

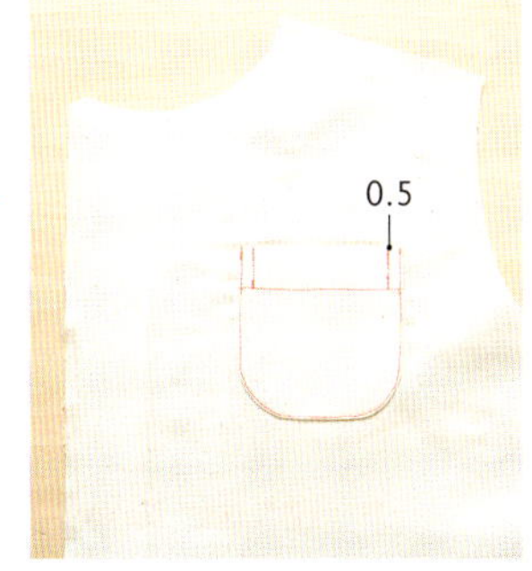

ポケットを胸の位置（E2は腰の位置）に縫いつけます。

②
肩ヨークをつける

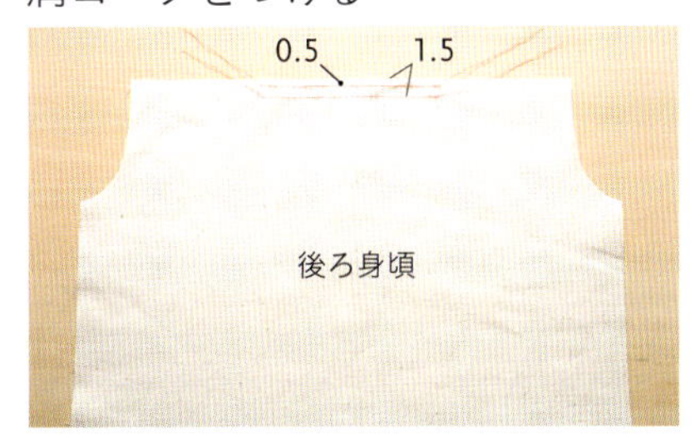

後ろ身頃のギャザー位置に粗い目でミシンをかけて寸法どおりに縮めます。

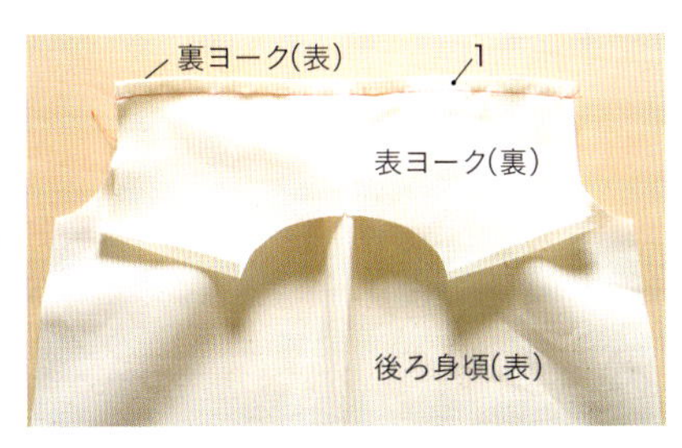

裏ヨーク、後ろ身頃、表ヨークの順に重ねます。表ヨークの肩の縫い代はあらかじめ折ってアイロンをかけておきます。切替線で縫い合わせます。

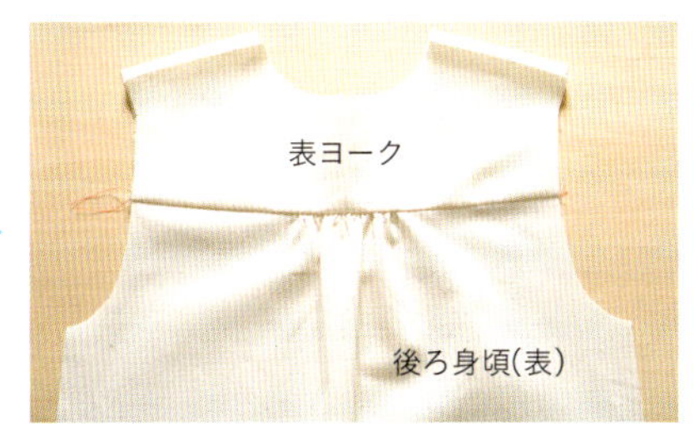

表に返してアイロンを軽くかけて形を整え、後ろ身頃に残ったギャザーミシンをほどきます。E3はヨークにステッチをかけます。

③
肩を縫う

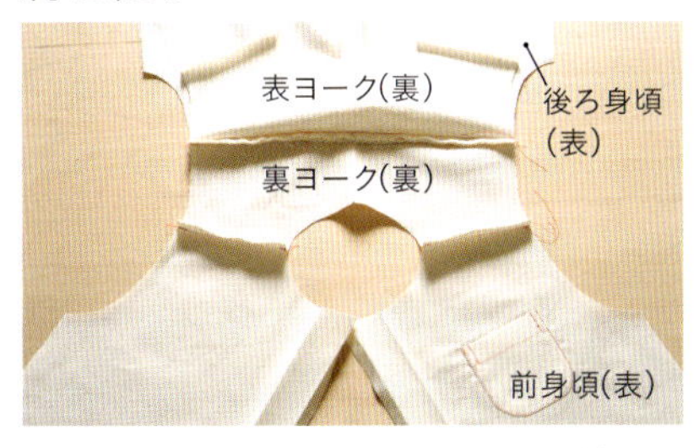

裏ヨークと前身頃の肩を合わせて縫い、縫い代をヨーク側に倒します。

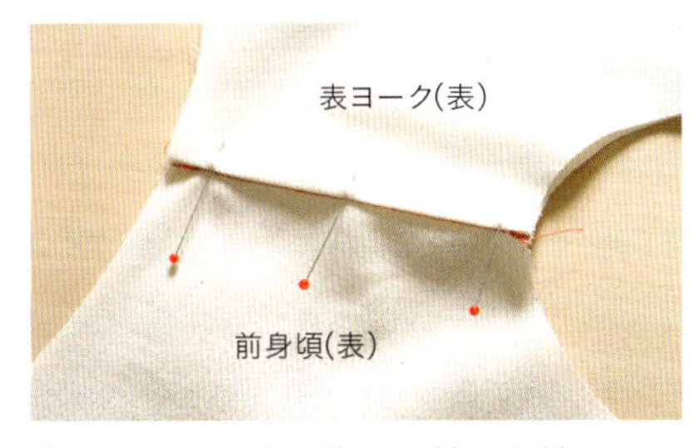

表ヨークの肩を、先ほど縫った縫い目に重ねます。

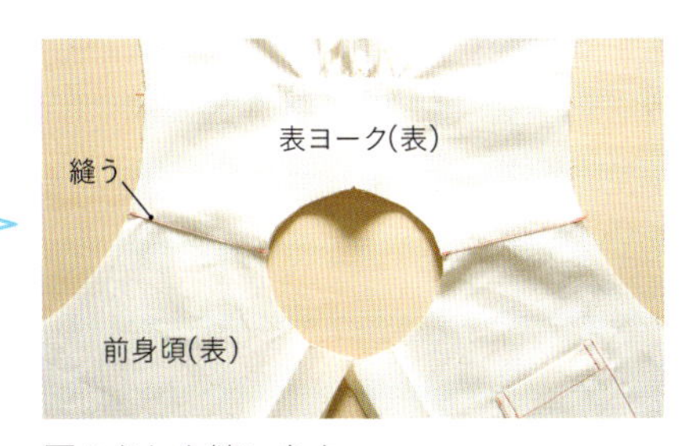

肩のきわを縫います。

④
袖をつけ、袖下と脇を縫う

袖山と身頃を中表に合わせ、縫います。袖の前後を間違えないように注意して。縫い代は2枚一緒にジグザグミシンをかけ、袖側に倒します。E3のみ身頃側に倒して身頃にステッチをかけます。

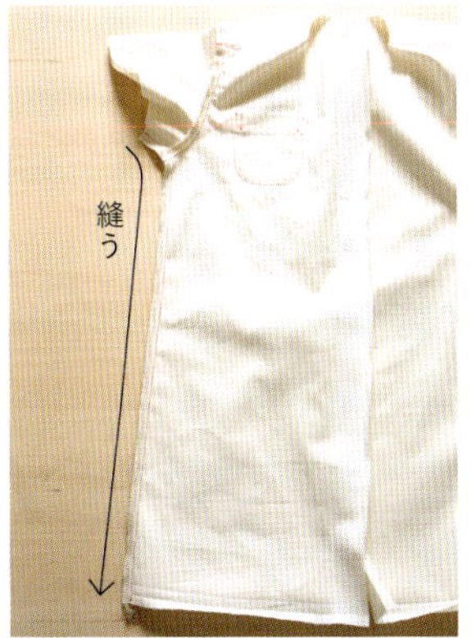

前後身頃を中表に合わせ、袖下から脇を続けて縫います。縫い代は2枚一緒にジグザグミシンをかけ、後ろ側に倒します。

E

⑤ カフスをつける

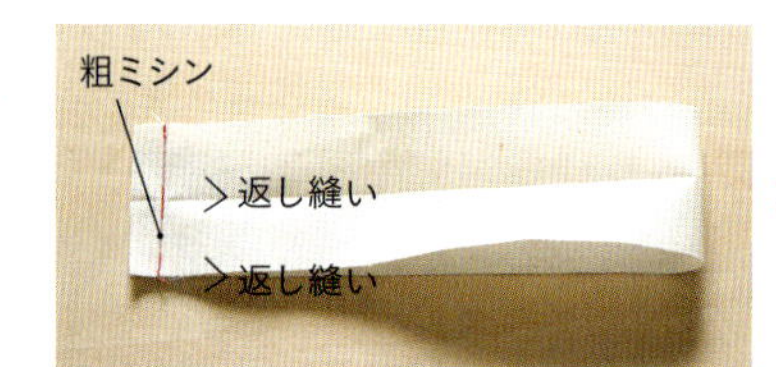

カフスはあらかじめ出来上がりに二つに折ってアイロンをかけておきます。中表に輪にして端を縫います。このとき、ゴム通し口の部分は目盛りを変え、粗ミシンにしておきます。

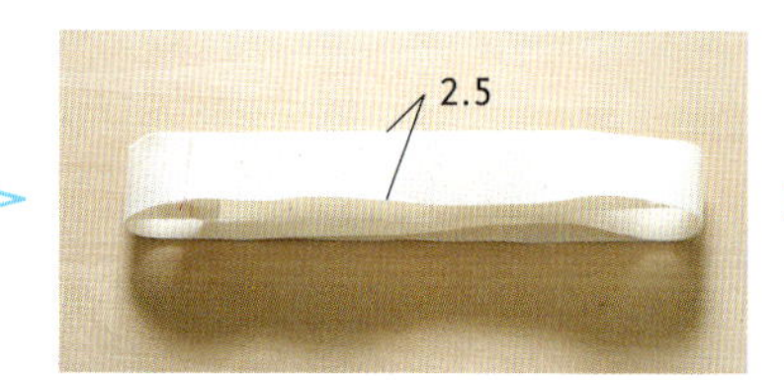

出来上がりで折ります。

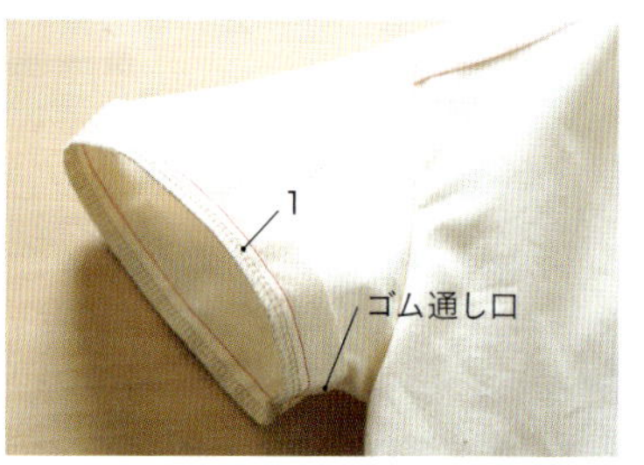

ゴム通し口が上になるように袖口に重ね、縫い合わせます。縫い代は3枚一緒にジグザグミシンで始末します。

⑥ 前立てと裾を縫う

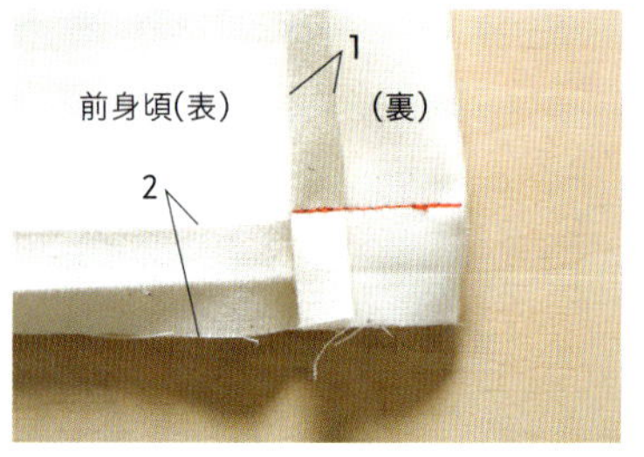

縫い代を1cm折り、次に前立ての出来上がり線を逆に折り返して裾にミシンをかけます。

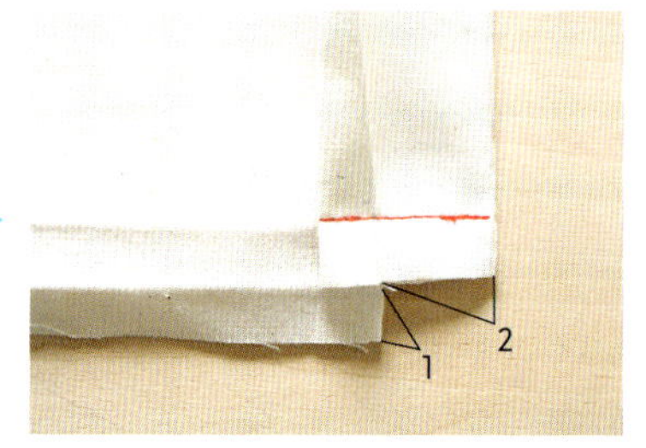

表に返したときに、縫い代がごろつかないようにカットします。

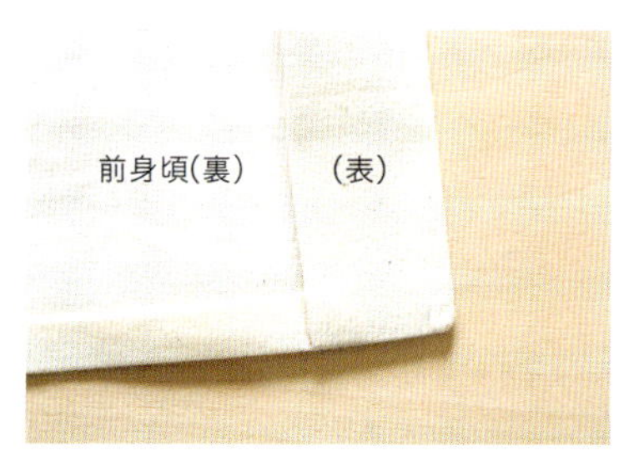

表に返してアイロンで整えます。

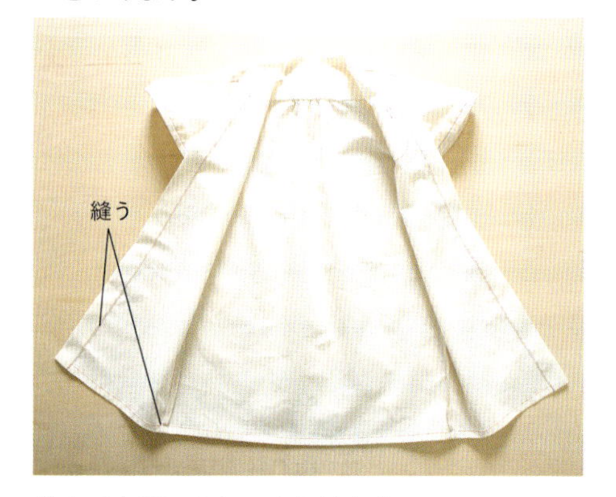

前立てと裾にミシンをかけます。

⑦ 襟を作り、つける

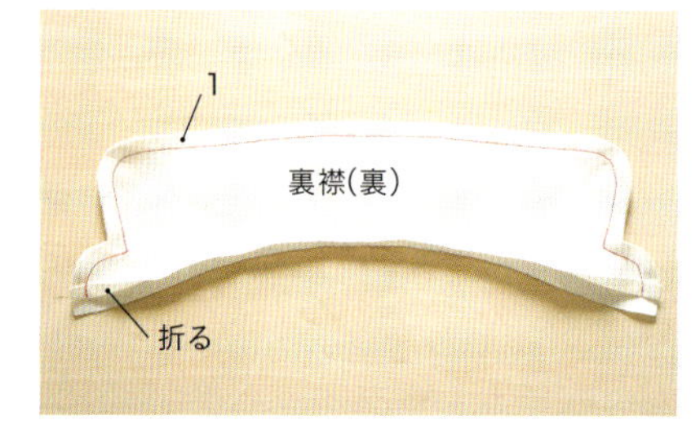

表襟と裏襟を中表に合わせ、縫い合わせます。このとき、裏襟(接着芯を貼った方)の身頃つけ側の縫い代を折っておきます。

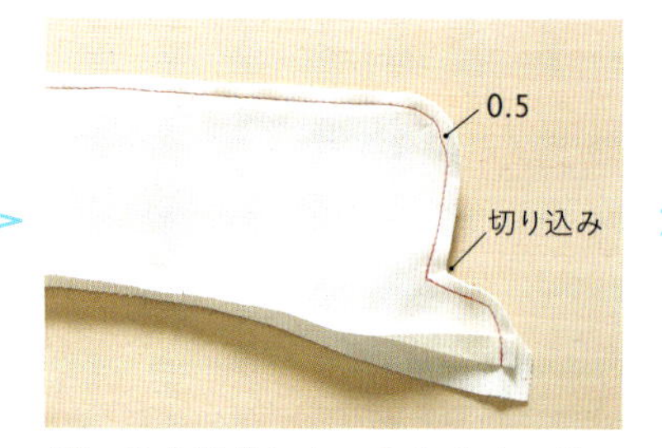

縫い代を半分にカットします。ひっくり返したときにつれないよう、角の部分に切り込みを入れます。

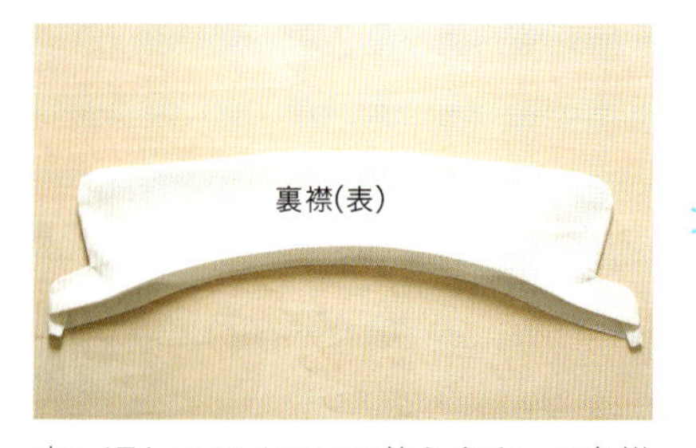

表に返してアイロンで整えます。※角襟(P76、77)の作り方も同じです。

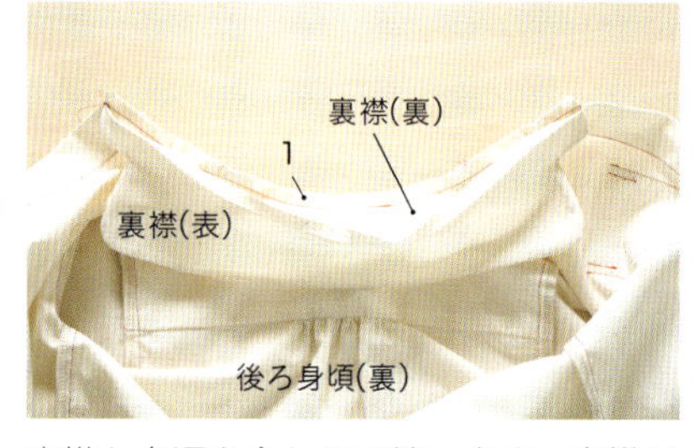

表襟と身頃を合わせて縫います。裏襟はよけておきます。

縫い代に裁ちばさみの先で切り込みを入れます。縫い目を切らないように1〜2mm前でとめます。切り込みの幅はカーブのところは特に細かく1〜1.5cmきざみで。

裏襟を縫い代にかぶせてまち針でとめます。

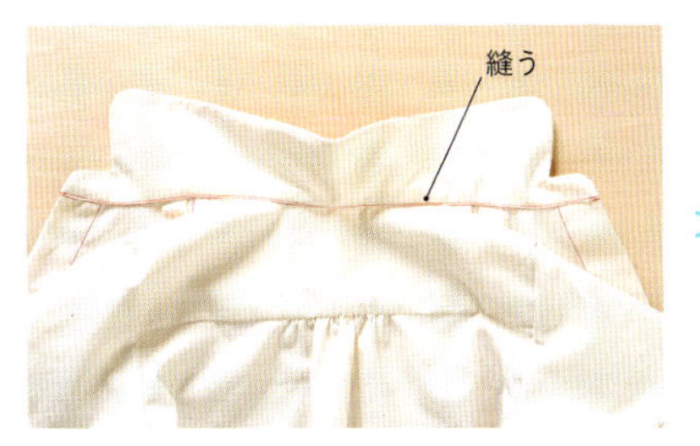

ミシンで縫います。縫いにくい部分なので、まち針ではなく、しつけ縫いをしてもよいでしょう。

前から見たところ。襟がつきました。表襟より裏襟の型紙の方が少し小さいのできれいに返ります。

⑧ ボタンホールを開け、ボタンをつける

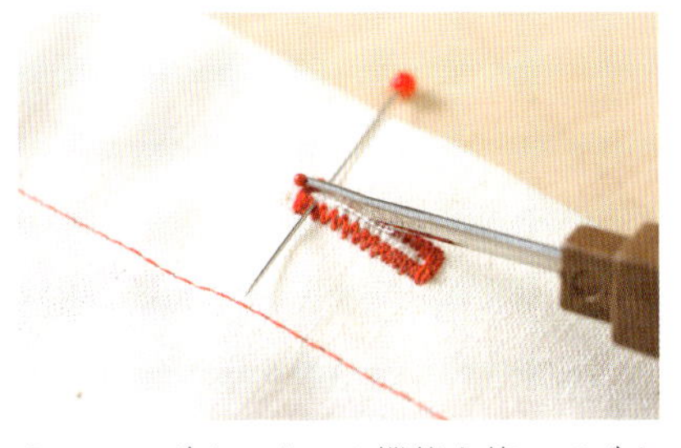

ミシンのボタンホール機能を使ってボタンホールを作ります。リッパーや糸切りばさみなどで切り込みを入れますが、勢いあまって切りすぎてしまわないようにまち針をとめておきます。

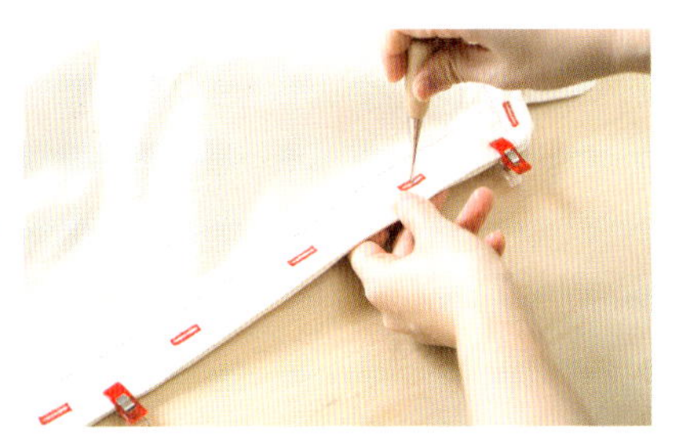

実物大型紙からボタン位置を写しとってありますが、念のためもう一度位置を確認します。左右の前立てを重ね、クリップなどで固定し、目打ちで印をつけ、ボタンをつけます(P45参照)。

⑨ 袖口にゴムを通す

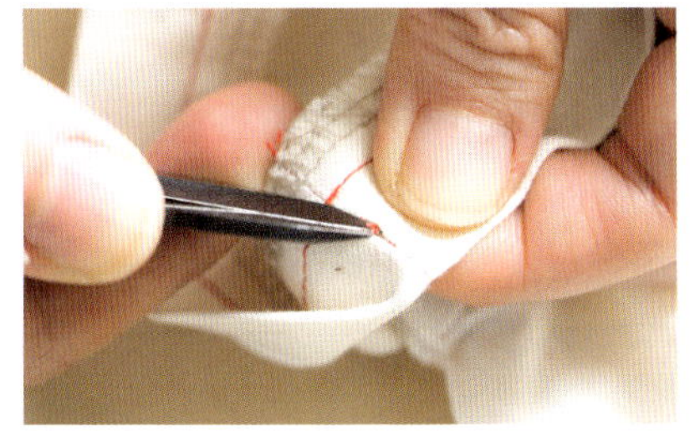

ゴム通し口の粗ミシンを糸切りばさみや目打ちでほどきます。

ゴムを通し、端を1cm重ねてミシンで縫いとめます。2本縫っておくと安心です。

⑩ リボンを作り、糸ループをつける

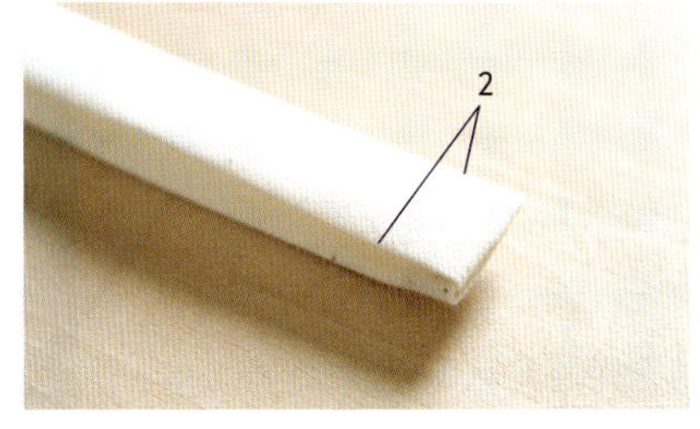

リボン2枚をはぎ合わせて縫い代を割り、縫い代を折り込み、アイロンで整えます。

3辺をミシンで縫います。

★ループの作り方

ウエストリボンを通す糸ループを両側の腰につけます。位置はワンピースを試着してみてバランスのいいところに安全ピンなどでとめて印をつけます。少しハイウエストにした方がかわいい。

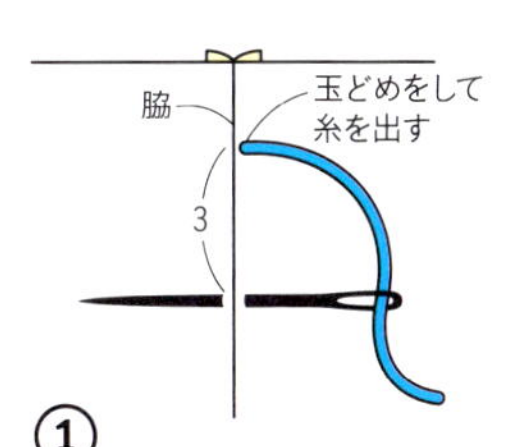

① ボタンつけ用の糸などを使います。脇線の部分を、縫い代まですくって芯糸を3〜4本渡します。

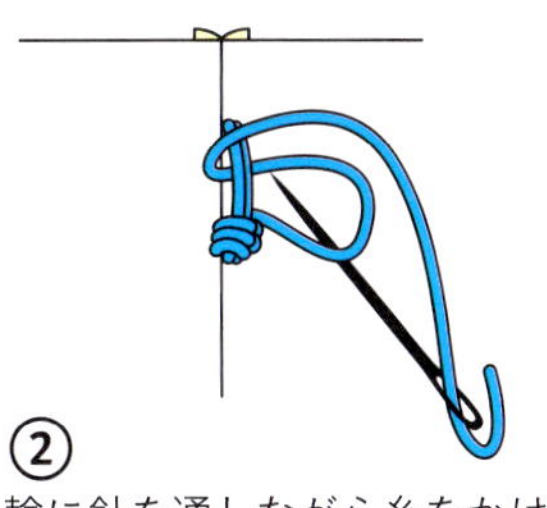

② 輪に針を通しながら糸をかけていきます。

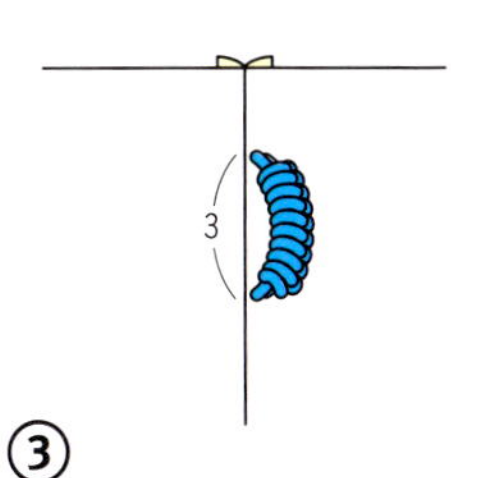

③ 出来上がり。

シャツワンピース

E2 七分袖

✚写真：32・33page

出来上がりサイズ	バスト	着丈
100	73cm	57cm
110	77cm	62cm
120	81cm	67cm
130	85cm	72cm
140	93.5cm	76cm
150	99.5cm	82cm
160	105.5cm	88cm

✚材料

表布(コットン)＝
105cm幅×150cm(100)／
160cm(110)／170cm(120)／
180cm(130)
(リバティプリント)＝110cm幅×
195cm(140)／205cm(150)／
215cm(160)
接着芯(トリコット)＝100cm幅×30cm
ボタン＝直径1.3cm×
7個(100〜130)／9個(140〜160)

✚作り方

準備　前立てと裏襟、カフスに接着芯を貼っておく

① 腰ポケットをつける
② 肩ヨークをつける
③ 肩を縫う
④ 袖をつけ、袖下と脇を縫う
⑤ カフスをつける
⑥ 前立てと裾を縫う
⑦ 襟を作り、つける
⑧ ボタンホールを開け、ボタンをつける

✚裁ち合わせ図

指定外の縫い代はすべて1cm
単位＝cm

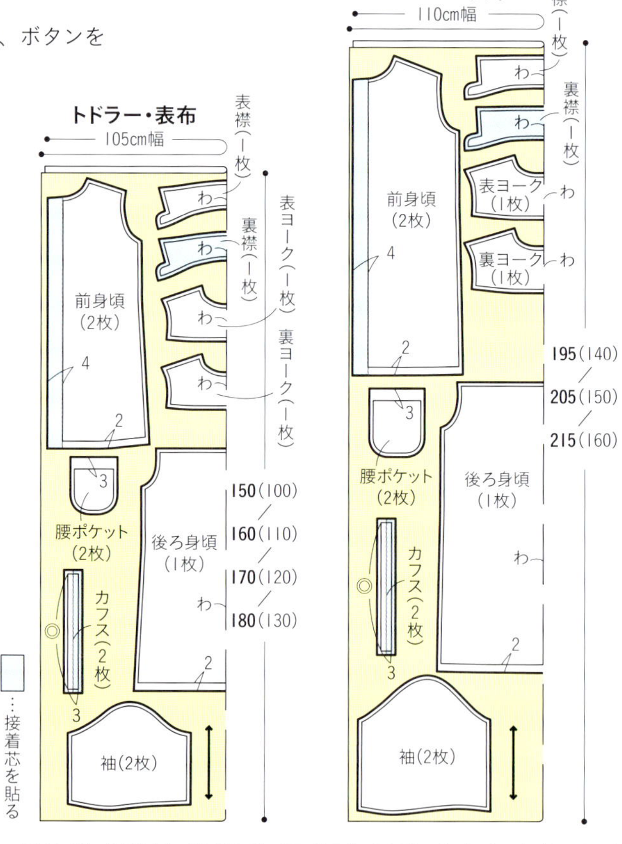

◎…28.8(100)／30(110)／31.2(120)／32.4(130)／32.3(140)／34(150)／35.7(160)
(　)はサイズ

E3 長袖シャツ

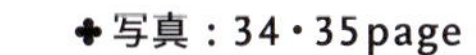
✚写真：34・35page

出来上がりサイズ	バスト	着丈
100	73cm	38cm
110	77cm	43cm
120	81cm	48cm
130	85cm	53cm
140	93.5cm	58cm
150	99.5cm	64cm
160	105.5cm	70cm

✚材料

表布(リネン)＝110cm幅×
115cm(100)／125cm(110)／
135cm(120)／145cm(130)／
155cm(140)／170cm(150)／
185cm(160)
接着芯(トリコット)＝100cm幅×30cm
ボタン＝直径1.3cm×
7個(100〜130)／9個(140〜160)

✚作り方

準備 前立てと裏襟、カフスに接着芯を貼っておく

① 胸ポケットをつける
② 肩ヨークをつける
③ 肩を縫う
④ 袖口のあきを作って袖をつけ、袖下と脇を縫う
⑤ カフスをつける
⑥ 前立てと裾を縫う
⑦ 襟を作り、つける
⑧ ボタンホールを開け、ボタンをつける

ボタンとボタンホール位置

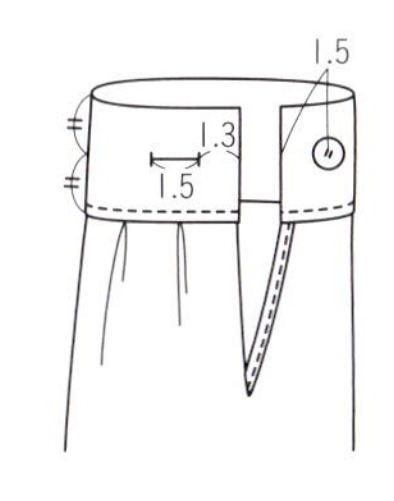

✚裁ち合わせ図

指定外の縫い代はすべて1cm
単位＝cm

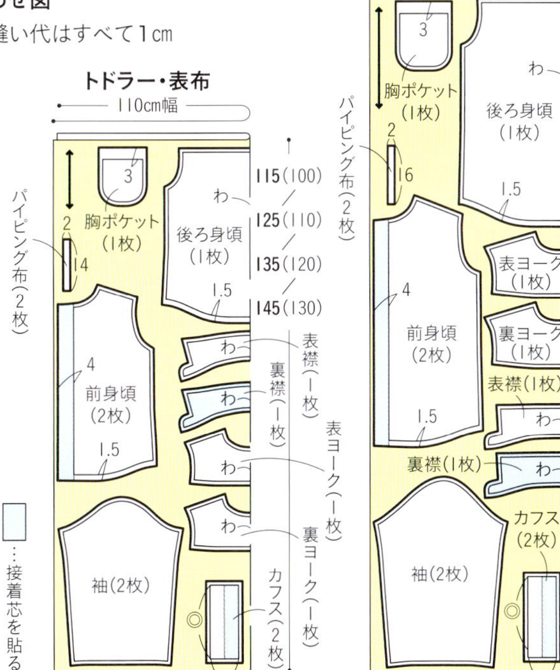

◎…18(100)／19(110)／20(120)／21(130)／20(140)／21(150)／22(160)
(　)はサイズ

七分袖 ⑤

カフスをつける　※①〜④、⑥〜⑧はE1(P73〜75)参照

E

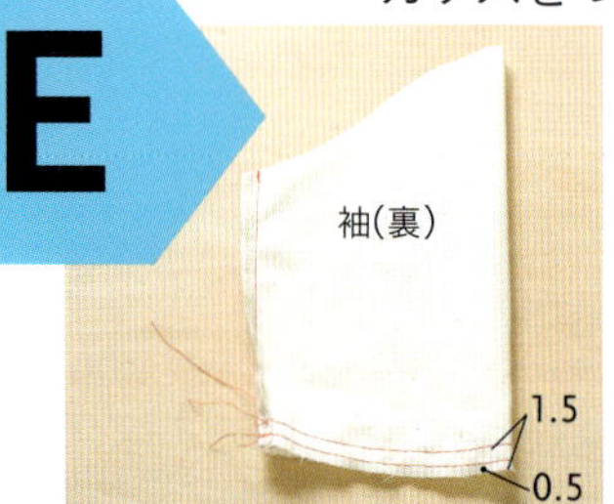

袖下〜脇を縫い、袖口にギャザーミシンをかけます。※実際はこのとき、袖は身頃につけられています。

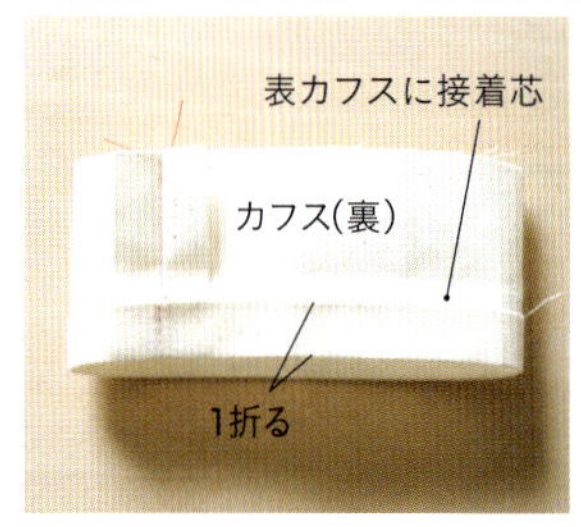

カフスには表側の半分(表カフス)に接着芯を貼っておきます。出来上がりに半分に折り、表カフス側の縫い代を折ってアイロンをかけます。中表に縫い合わせて筒にします。

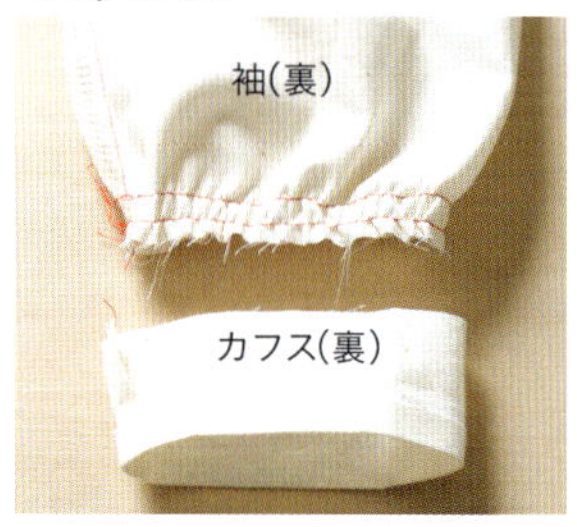

ギャザーミシンの糸を引っぱり、カフスと同じ寸法に縮めます。

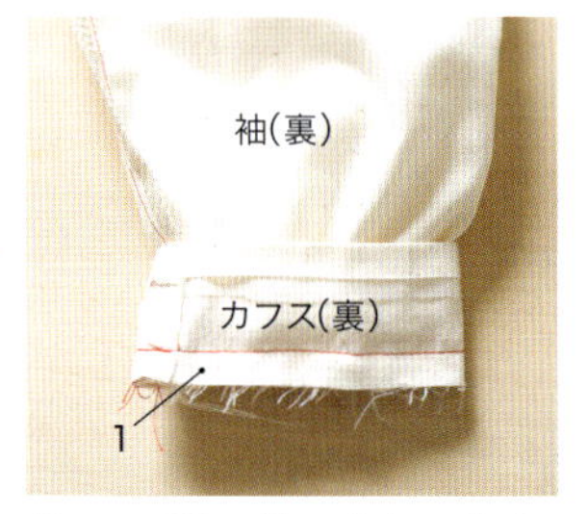

袖口に重ね、縫い合わせます。

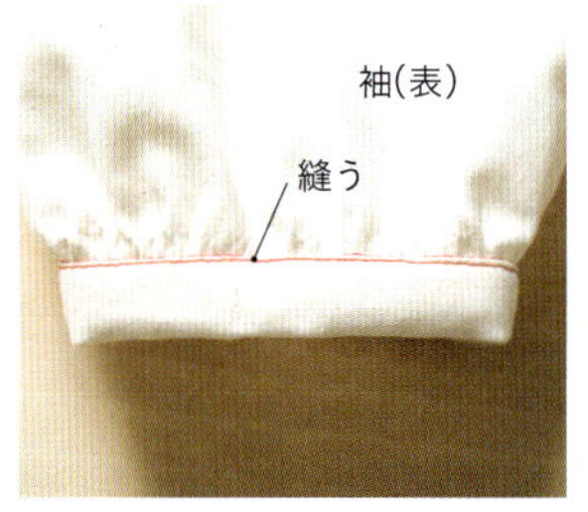

カフスを折って表に返し、ミシンで縫います。

長袖シャツ

④

袖口のあきを作る

※①〜④、⑥〜⑧はE1(P73〜75)参照。

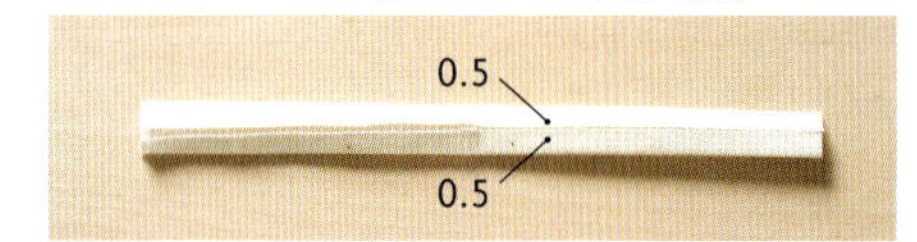

パイピング布を折ってアイロンをかけます。

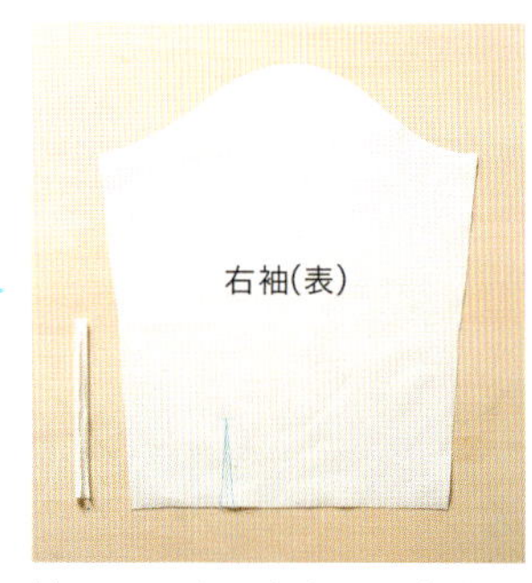

袖口にあきの印をつけます。

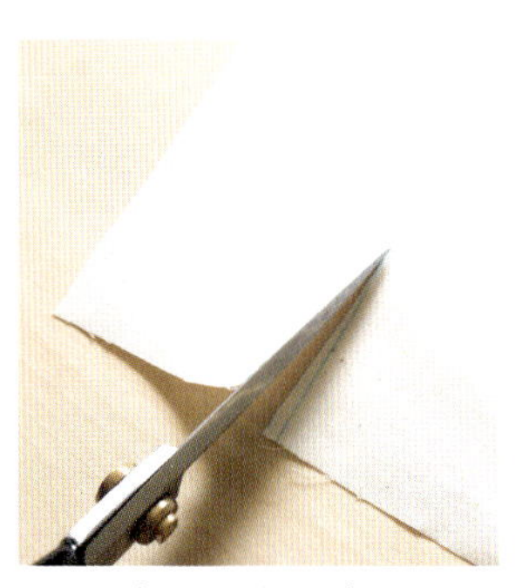

あきの部分に裁ちばさみで切り込みを入れます。

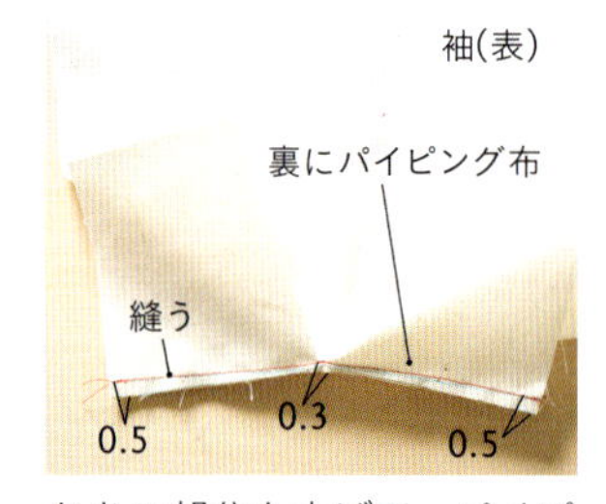

あきの部分を広げて、パイピング布を写真のように裏に合わせ、縫い合わせます。

パイピング布を表に返して縫い代をくるみ、きわを縫います。

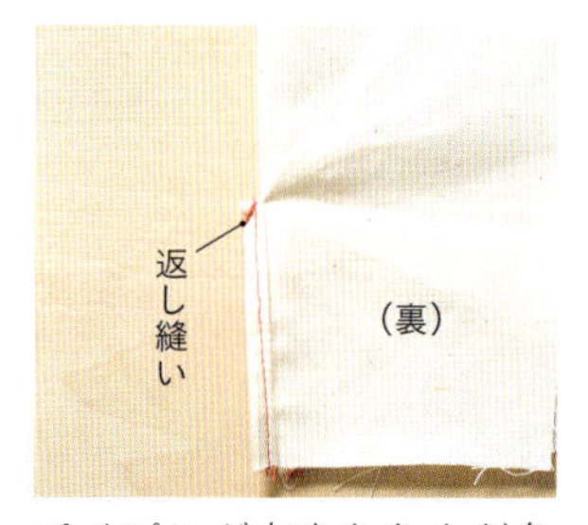

パイピング布をたたんだ角に、斜めに返し縫いをします。

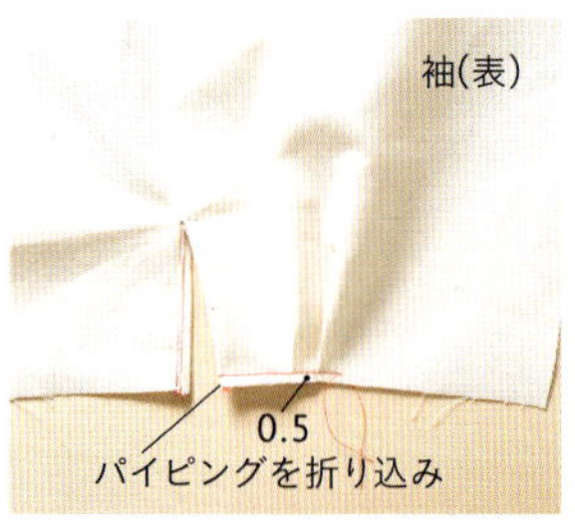

タックをたたみ、ミシンで仮どめをします。このときタック側のパイピング布を折っておきます。

⑤ カフスをつける

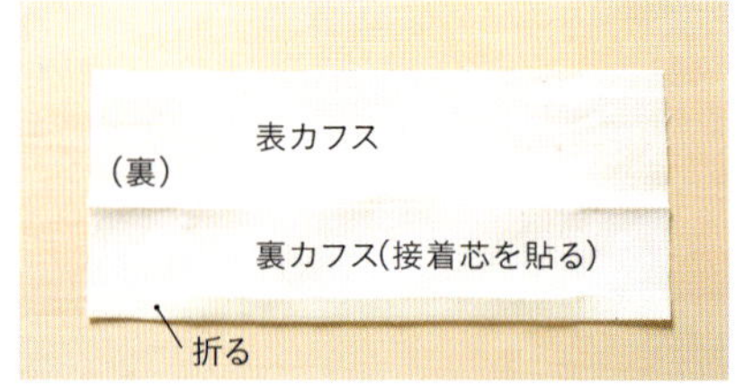

カフスは裏カフス側に接着芯を貼り、縫い代を折ってアイロンをかけます。

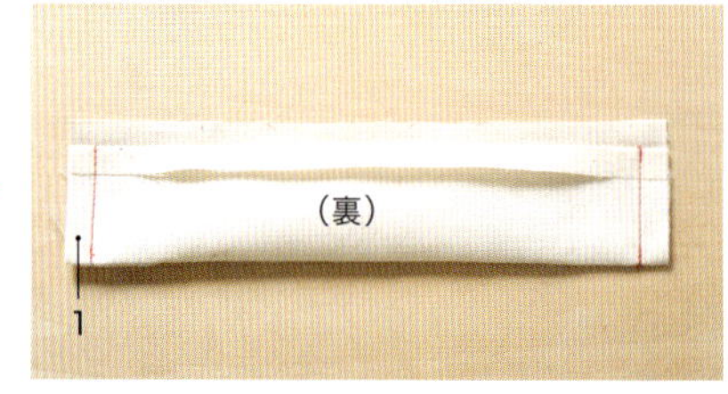

中表に折り、両端を縫います。

表に返してアイロンで形を整えます。

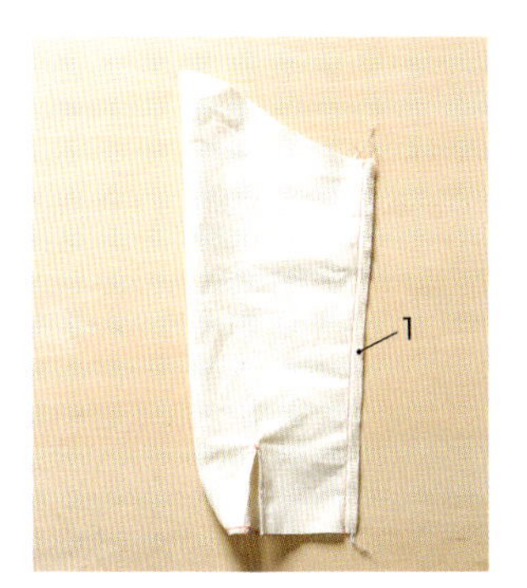

袖下〜脇を縫います。※実際はこのとき、袖は身頃につけられています。

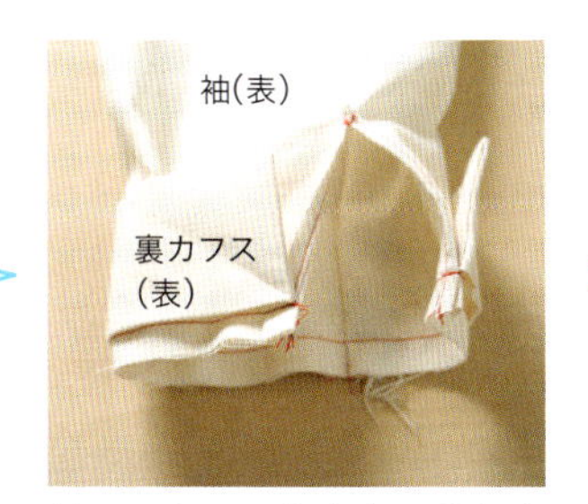

袖口にカフスを中表に重ねます。表カフスと袖を縫い合わせます。

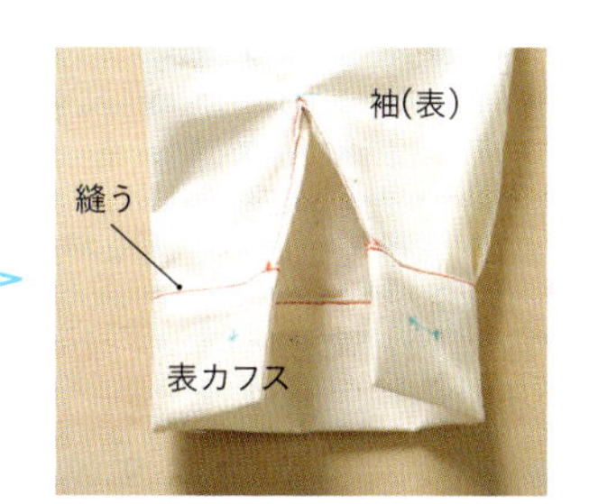

カフスを表に返し、アイロンで整えてステッチで押さえます。

タックの場合は

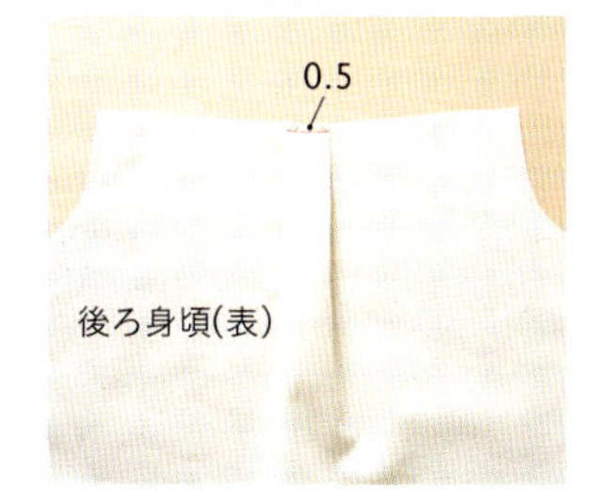

後ろ身頃のタックをたたみ、仮どめミシンをかけます。

ワンピースの布選び

ワンピースの布は吸湿性と肌触りが何より大切。
また、ギャザーを寄せる場合はほどよい薄さであることが大事です。
厚みやハリによって印象が変わるのも楽しいところ。

23page

26page

34page

リネン
生地そのものにニュアンスがあるので、無地でものっぺりとせず、おしゃれに決まる素材です。普段づかいでもいいし、ちょっとしたお出かけ着にもなります。

25page

26page

普通地のコットン
アイロンもよくかかり、厚すぎないので初心者にも縫いやすいおすすめの素材です。色やプリント柄も豊富に揃っているので、子どもと一緒に選ぶのも楽しい。

23page

シャンブレー
表面に光沢があり、上品なメンズシャツなどによく使われます。たて糸に色糸、よこ糸にさらし糸を使って織り上げているので、微妙なニュアンスがあります。

29page

31page

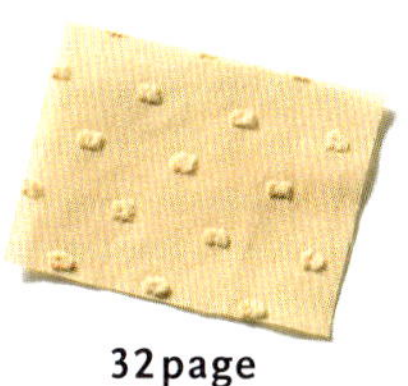

32page

32page

薄手コットン
リバティプリントなどのローン、ボイルなどはギャザーがきれいに出て、ふんわりと繊細な一着になります。薄地用のミシン針と糸を使うのがきれいに縫うコツです。

坂内鏡子　Kyoko Sakauchi
ソーイングデザイナー、パタンナー。誰にも作りやすく、シンプルで実用的な作風が人気。手芸キットの開発やワークショップを行うスミワークス主宰。著書に『リネンとコットンで作る服』NHK出版、『いちばんよくわかるソーイングの基礎』日本ヴォーグ社など。海外でも翻訳されている。

ブックデザイン：若山嘉代子
佐藤尚美　L'espace
モデル撮影：新居明子
スタイリング：田中美和子
ヘア＆メイク：草場妙子
モデル：あらた　いろは　たえ　ちせ
はやた　ゆう　RIN
プロセス＆静物撮影：吉田篤史
イラスト：若山美樹
パターングレーディング：クレイワークス
トレース：株式会社ウエイド
製作協力：内山朋子　国井貴子　小林安代
佐藤庸子　杉山聡子　中野みゆき
若松香織
構成・編集：若松香織
プロデュース：高橋インターナショナル

生地提供
⋆スミワークス（作品P13）
http://www.summieworks.com/
⋆ソールパーノ
（作品P9右、12左、15、16、29）
http://www.rakuten.co.jp/solpano/
⋆CHECK&STRIPE自由が丘店
（作品P11、19、23左、32右）
東京都目黒区緑が丘2-24-13-105
tel.03-6421-3206
http://checkandstripe.com/
⋆中商事
（作品P9左、21、23右、26右、31、34）
香川県高松市福岡町2-24-1
tel.087-821-1218
⋆リバティジャパン（作品P32左）
東京都中央区銀座1-3-9　マルイト銀座ビル5F
tel.03-3563-0891
⋆ルシアン（作品P12右、25、26左）
大阪府大阪市西区新町1-28-3　四ツ橋グランスクエア7F
フリーダイヤル：0120-817-125
http://www.lecien.co.jp/

材料提供
⋆クロバー tel.06-6978-2277
⋆フジックスtel.075-463-8111

ミシン協力
⋆株式会社カタログハウス
www.cataloghouse.co.jp/

楽しくて役に立つWEB サイト「手づくりの秘密」
「手づくりの秘密」は、刺しゅうや編み物、ソーイングなど、
手づくりがもっと楽しくなるWEB サイトです。
刺しゅう作家の大塚あや子先生をはじめとする人気手芸作家の素敵な作品や、
作り方のワンポイントアドバイス、センスアップのコツなど
すぐに役立つヒントが満載。ぜひのぞいてみてください。
手づくりの秘密　http://www.t-i-n.co.jp/

定番ソーイング

これならできる！ きほんの子ども服 パンツとワンピース

著者 坂内鏡子
発行者 高橋秀雄
発行所 高橋書店
〒112-0013　東京都文京区音羽1-26-1
編集　tel.03-3943-4529　fax.03-3943-4047
販売　tel.03-3943-4525　fax.03-3943-6591
振替　00110-0-350650
http://www.takahashishoten.co.jp/
ISBN978-4-471-40092-7　